T0194118

essentials

essentials liefern aktuelles Wissen in konzentrierter Form. Die Essenz dessen, worauf es als „State-of-the-Art" in der gegenwärtigen Fachdiskussion oder in der Praxis ankommt. *essentials* informieren schnell, unkompliziert und verständlich

- als Einführung in ein aktuelles Thema aus Ihrem Fachgebiet
- als Einstieg in ein für Sie noch unbekanntes Themenfeld
- als Einblick, um zum Thema mitreden zu können

Die Bücher in elektronischer und gedruckter Form bringen das Expertenwissen von Springer-Fachautoren kompakt zur Darstellung. Sie sind besonders für die Nutzung als eBook auf Tablet-PCs, eBook-Readern und Smartphones geeignet. *essentials:* Wissensbausteine aus den Wirtschafts-, Sozial- und Geisteswissenschaften, aus Technik und Naturwissenschaften sowie aus Medizin, Psychologie und Gesundheitsberufen. Von renommierten Autoren aller Springer-Verlagsmarken.

Weitere Bände in der Reihe http://www.springer.com/series/13088

John Erpenbeck · Werner Sauter

Werteerfassung und Wertemanagement

Gezielte Werteentwicklung von Persönlichkeiten, Teams und Organisationen

Mit einem Praxiskapitel von Roman Sauter

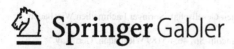

John Erpenbeck
Steinbeis Universität
Berlin, Deutschland

Werner Sauter
Blended Solutions
Neu-Ulm, Deutschland

ISSN 2197-6708   ISSN 2197-6716   (electronic)
essentials
ISBN 978-3-658-30195-8   ISBN 978-3-658-30196-5   (eBook)
https://doi.org/10.1007/978-3-658-30196-5

Die Deutsche Nationalbibliothek verzeichnet diese Publikation in der Deutschen Nationalbiblio-
grafie; detaillierte bibliografische Daten sind im Internet über http://dnb.d-nb.de abrufbar.

Planung/Lektorat: Christine Sheppard
Springer Gabler ist ein Imprint der eingetragenen Gesellschaft Springer Fachmedien Wiesbaden
GmbH und ist ein Teil von Springer Nature.
Die Anschrift der Gesellschaft ist: Abraham-Lincoln-Str. 46, 65189 Wiesbaden, Germany

Was Sie in diesem *essential* finden können

- Sie erfahren, was Werte sind, warum sie immer größere Bedeutung gewinnen und welche Arten es gibt, wie sie wirksam werden und wie sie die Kultur auf den verschiedenen Ebenen der Organisation prägen.
- Sie erkennen, warum die Werteerfassung die notwendige Voraussetzung für ein gezieltes Wertemanagement ist und lernen ein Verfahren zur fundierten Werteerfassung kennen.
- Sie entdecken wirksame Ansätze des Werte- und Kulturmanagements auf Organisationsebene, erfahren die besondere Rolle der oberen Führung und der Wertemanager und bekommen wertvolle Anregungen zur Gestaltung des unternehmensweiten Kommunikationsprozesses.
- Sie gewinnen einen Überblick über die Möglichkeiten, Werteentwicklung in Teams gezielt zu gestalten und die Teamkultur zu entwickeln.
- Sie gewinnen einen Einblick in die Möglichkeiten der gezielten Werte- und Kompetenzentwicklung von Persönlichkeiten auf der Praxis-, der Coaching- und der Trainingsstufe.

Inhaltsverzeichnis

Über die Autoren

Prof. Dr. John Erpenbeck hat den Lehrstuhl Wissens- und Kompetenzmanagement an der SIBE (School of International Business and Entrepreneurship) im Verbund der Steinbeis- Hochschule Berlin inne. Gemeinsam mit Prof. Dr. Volker Heyse hat er die Kompetenzmesssysteme KODE® und KODE®X entwickelt, zusammen mit Roman Sauter sowie Prof. Dr. Werner Sauter das Werteerfassungssystem KODE®W. Er hat viele literarische und wissenschaftliche Werke, insbesondere zu Werten und Kompetenzen, veröffentlicht.

Prof. Dr. Werner Sauter berät und begleitet Organisationen bei der Konzipierung, Entwicklung, Umsetzung und Implementierung von Werte- und Kompetenzmanagement-Systemen bis zur Kompetenzentwicklung von Learning Professionals und Führungskräften. Er ist wissenschaftlicher Berater der KODE GmbH und hat gemeinsam mit Prof. Dr. John Erpenbeck und Roman Sauter das Werteerfassungssystem KODE®W entwickelt. Er ist Autor einer Vielzahl von Fachbüchern und -artikeln zu innovativen Lernformen und veröffentlicht regelmäßig seine Überlegungen in seinem Blog (www.wernersauter.com).

Ausgangslage und Zielsetzung

1

Digitalisierung, Automatisierung, Künstliche Intelligenz, Flexibilisierung der Arbeit, agile Arbeitswelt; Fachkräftemangel auf der einen und sinnsuchende High-Potentials auf der anderen Seite des Arbeitsmarktes; Klimawandel, Pandemien, wachsender Ressourcenverbrauch, instabile Märkte, Null-Zins-Politik und unvorhersehbare, disruptive technische, ökonomische und politische Entwicklungen ...

Alle Organisationen stehen vor gewaltigen Herausforderungen, die mit bisherigen Methoden nicht mehr zu bewältigen sind. Wie findet eine Organisation eine sinnerfüllte Zielsetzung, die ihren Erfolg in der Zukunft sichert, ihre Attraktivität als Arbeitgeber steigert und gleichzeitig den zunehmenden gesellschaftlichen Anforderungen an Nachhaltigkeit sowie sozialer und kultureller Verantwortung für das Gemeinwohl zukunftsweisend gerecht wird? Wie können Organisationen als Ganzes eine zukunftstaugliche Qualität „kollaborativer Intelligenz" aufbauen und es ihren Mitarbeitern gleichzeitig ermöglichen, ihre für die Zukunft erforderlichen Werte und Kompetenzen selbstorganisiert im Prozess der Arbeit und im Netz zu entwickeln?

▶ Je offener die Zukunft, umso wichtiger werden Kompetenzen und Werte.

Die Veränderungen der Umwelt und damit der Arbeit haben bereits zu mehr oder weniger starken Weiterentwicklungen der Unternehmen geführt. Insbesondere der klassische Taylorismus hat sich überlebt und wurde in vielen Unternehmen in unterschiedlicher Weise angepasst oder gar ersetzt. Trotzdem wird dieses Prinzip der Prozesssteuerung immer noch in vielen Unternehmen oder in einzelnen Teilbereichen gelebt (vgl. Sauter et al. S. 9 ff., 2018).

© Springer Fachmedien Wiesbaden GmbH, ein Teil von Springer Nature 2020
J. Erpenbeck und W. Sauter, *Werteerfassung und Wertemanagement*, essentials,
https://doi.org/10.1007/978-3-658-30196-5_1

Die Erkenntnis, dass Werte Wert schaffen, hat nun auch in die Öffentlichkeit (vgl. Willi Schoppen in der FAZ vom 06.04.2019) Eingang gefunden. Investoren treffen ihre Anlageentscheidungen zunehmend nicht nur nach dem wirtschaftlichen Erfolg eines Unternehmens, sondern achten auch auf eine verantwortungsvolle, gemeinwohlorientierte Unternehmensführung. Sie erwarten unternehmerisches Handeln im Einklang mit Gesetzen, Richtlinien, Kodizes (Compliance) und Satzungen, also mit dem sozial-weltanschaulichen Wert Norm und Gesetz, aber insbesondere auch mit ethisch-moralischen Werten, wie Verantwortung und Respekt gegenüber Mitarbeitern und Gesellschaft, einschließlich Umwelt- und Klimaschutz, also Nachhaltigkeit.

Die Fondsgesellschaft der Volks- und Raiffeisenbanken Union Investment kündigte beispielsweise an, mittelfristig fast das gesamte verwaltete Vermögen nachhaltig anzulegen. Diese Entscheidung erfolgte nicht aus altruistischen Gründen, sondern aus der Erwartung, dass sich verantwortungsvolles, werteorientiertes Handeln langfristig auszahlt. Ein anderes Beispiel ist das liechtensteiner Technologieunternehmen Hilti, das alle zwei Jahre einen unternehmensweiten Prozess zur Beschäftigung aller Mitarbeiter mit den Werten der Unternehmung initiiert. Diese werden dabei in einen Zusammenhang mit der aktuellen Geschäftsentwicklung gebracht. Dass sich dies lohnt, zeigt die Eigenkapitalrendite von Hilti mit 20 %!

Auch andere Unternehmen, wie die Deutsche Bank AG, wollten vordergründig diesen Weg gehen. Nach dem Abgang von Josef Ackermann formulierte sie in ihrem Geschäftsbericht 2012: „Unsere Leistungskultur muss gleichermaßen auch eine Kultur der Verantwortung sein. Unternehmerische Verantwortung bedeutet für uns, Wert mit Werten zu schaffen. Wert von dem alle unsere Interessengruppen – unsere Kunden, Mitarbeiter, Anleger und die Gesellschaft – profitieren". Schön formuliert, die Praxis des Handelns war aber eine andere, wie der Libor-Skandal mit der gezielten Manipulation der Referenzzinssätze unter Banken, zeigte. 2015 lag die Eigenkapitalrendite schließlich bei rund minus 10 %!

Die Beispiele Hilti und Deutsche Bank AG zeigen deutlich, was den Unterschied ausmacht. Wenn die Unternehmensstrategie, das Handeln der Führungskräfte und die verinnerlichten (!), nicht die in Hochglanzbroschüren formulierten, Werte nicht zusammenpassen, dann werden sich nachhaltig negative, teilweise existenzbedrohende, Konsequenzen für die Unternehmen ergeben.

Unternehmen benötigen deshalb die stete Aufmerksamkeit für die Verinnerlichung (Interiorisation, Internalisation) unternehmenskultureller Werte auf allen Ebenen, der Individuen, der Teams und der gesamten Organisation. Die obere Führung muss über ihr symbolisches und praktisches Handeln deutlich machen, dass ihre Entscheidungen und Handlungen konsequent wertekonform sind. Die Formulierung der gemeinsamen, angestrebten Werte ist aber nicht von oben zu verordnen, sondern in einem Prozess unter Einbeziehung der Mitarbeiter zu initiieren. Voraussetzung dafür sind die Erhebung der Ist-Werte, aber auch der Wunsch-Werte durch alle Mitarbeiter auf Organisationsebene, also der aktuellen und der erwarteten Organisationskultur.

Werte machen als Ordner selbstorganisiertes Handeln erst möglich. Werte sind Kerne von Kompetenzen (vgl. Fischer 2019). Deshalb kommt den Werten und dem Wertemanagement eine immer größere Bedeutung zu. Gemeinsame Werte und deren unternehmensweite Verinnerlichung verschaffen Unternehmen nach innen und außen einen Wettbewerbsvorteil und sichern das Überleben.

▶   Werte sind die Grundlage für zukunftsorientierte Kompetenzen.

Die Kompetenz Werteorientierung umfasst die Fähigkeit, Werte gezielt zu entwickeln und danach zu handeln. Dabei gelten folgende Handlungsanker (am Beispiel Individuen):

- Handelt konsequent, verantwortungsbewusst und werteorientiert.
- Handelt durchweg ehrlich, pflichtbewusst und zuverlässig.
- Handelt mit hohen Ansprüchen an sich selbst und an andere.
- Verankert wichtige Werte in der Team- und Organisationskultur.

Die Orientierung auf Werte bedeutet einen Paradigmenwechsel für die betriebliche Bildung, weg von vorgegebenen Wissens- und Qualifikationszielen in Curricula hin zu bedarfsgerechten, individuellen Werte- und Kompetenzzielen. Alle Mitarbeiter und Führungskräfte können ihren individuellen Lernweg gehen, ihre personalisierte „Learning Journey" durchführen, jedes Team seine eigenen Entwicklungsprozesse zur gezielten Werte- und Kompetenzentwicklung gestalten. Innerhalb eines digital gestützten Ermöglichungsrahmens mit Tools zur Lernplanung, zur Kollaboration und Kommunikation, zum Feedback und zum Wissensaufbau lernen die Mitarbeiter und Teams selbstorganisiert und kollaborativ. Dies ermöglicht sowohl den gezielten „agilen" Aufbau von Wissen als auch die Entwicklung der erforderlichen Qualifikationen, Werte und Kompetenzen – integriert in den Arbeitsprozess und unter Nutzung digitaler Angebote und Werkzeuge. Arbeiten und Lernen wachsen dabei zusammen (Workplace Learning).

Damit entsteht ein Bedarf an unternehmensinternen und externen Bildungs-
anbietern, die sich als Werte- und Kompetenzentwicklungsorganisationen verstehen, die den selbstorganisierten Aufbau von Werten und Kompetenzen auf
allen Ebenen der Organisation gezielt ermöglichen. Die heutigen seminaristisch
orientierten Bildungsanbieter müssen ihre Rolle grundlegend verändern.

Was sind Werte? 2

*Werte sind Ordner, welche die individuell-psychische
und die sozial-kooperativ- kommunikative menschliche Selbstorganisation des Handelns bestimmen oder
zumindest stark beeinflussen*

Erpenbeck und Sauter (2018)

Werte sind immer das Resultat von Bewertungsprozessen. Sie durchdringen
unser gesamtes Leben und Handeln. Wir handeln fast immer – bewusst oder
unbewusst – wertend. Werte, die wir verinnerlicht haben, schließen die Lücke
zwischen Wissen und Handeln. Ohne Werte wäre der Mensch nur ein wissens-
gesteuerter Automat.

1841 war die Geburtsstunde der Wertephilosophie, der Werteforschung (vgl.
Erpenbeck 2018). Da sich nicht nur die Formen des Genusses, des wirtschaft-
lichen Nutzens, der Moral und Ethik, der Weltanschauung und Politik im Einzel-
nen änderten, versuchten Philosophen und Sozialwissenschaftler, Ökonomen und
Psychologen ein Gesamtbild der Werteveränderungen, der Einzelwerte und ihrer
Verknüpfungen zu zeichnen. Je schneller der Zug der Menschheit in Richtung
Zukunft rast, desto dringlicher wird die Notwendigkeit, die vorbeihuschenden
Wertesignale zu erkennen und zu deuten, damit der Zug nicht aus den Gleisen
springt.

Wo es sich um Selbstorganisation im, von und mit Menschen handelt, sind
Wertungen im Spiel. Wir folgen deshalb in unseren Ausführungen Einsichten des
weltbekannten Stuttgarter Natur- und Sozialwissenschaftlers Herrmann Haken,
der die vielleicht wirkungsmächtigste Selbstorganisationstheorie schuf (vgl.
Haken, Wunderlin 2014; vgl. Erpenbeck 2018).

© Springer Fachmedien Wiesbaden GmbH, ein Teil von Springer Nature 2020
J. Erpenbeck und W. Sauter, *Werteerfassung und Wertemanagement*, essentials,
https://doi.org/10.1007/978-3-658-30196-5_2

Weil Werte nicht wahr oder falsch sind, sondern einer Problem- und Handlungssituation nur mehr oder weniger angemessen (adäquat) sein können – indem sie handlungsermöglichend vorhandenes Wissen einbeziehen und fehlendes Wissen mit „Bauchgefühl" überbrücken – müssen sie emotional tief verankert, interiorisiert sein, um wirksam zu werden.

Nur interiorisierte Werte sind wirksam

Für die Gestaltung zukunftsorientierter Entwicklungskonzeptionen für Mitarbeiter sind die Erkenntnisse der Selbstorganisationstheorie und Neurobiologie fundamental (vgl. Erpenbeck 2017):

- Um in einer zunehmend agileren Welt zu handeln, benötigen wir mehr denn je Fähigkeiten, selbstorganisiert und kreativ zu handeln. *Digitalisierung, Künstliche Intelligenz, Werte- und Kompetenzentwicklung gehören zusammen.*
- Die Menschen sind von Natur aus fähig, in offenen Problemsituationen selbstorganisiert und kreativ – also kompetent – zu handeln.
- Die Modellierung des Gehirns durch die Selbstorganisationstheorie zeigt, dass Informationen immer zugleich mit emotionalen Bewertungen, mit *Werten,* zusammen gespeichert werden. Deshalb muss Wissen durchgehend über eigene Erfahrungen emotional „imprägniert", es muss von „Wissen an sich" zu „Wissen für uns" werden.
- Digitale Medien ermöglichen ganz neue Formen des Umgangs mit anderen Menschen. Wissen kann im Netz inhaltlich wie emotional bei der kollaborativen Bearbeitung realer Herausforderungen entwickelt und geteilt werden. Damit ist Werte- und Kompetenzentwicklung im Netz möglich.
- Erst Werte ermöglichen ein Handeln unter Unsicherheit, sie überbrücken oder ersetzen fehlendes Wissen, schließen die Lücke zwischen Wissen einerseits und dem Handeln andererseits.

Allerdings wirken Werte nur, wenn ihre Sinnhaftigkeit im eigenen Handeln erlebt und emotional positiv gespeichert wird.

▶   Den Vorgang der Umwandlung von Werten, Regeln und Normen in eigene Emotionen und Motivationen bezeichnet man oft als Interiorisation oder Internalisation.

Kultur und Werteebenen

„Die empirische Wirklichkeit *ist* für uns ‚Kultur', weil und sofern wir sie mit Wertideen in Beziehung setzen, sie umfaßt diejenigen Bestandteile der Wirklichkeit, welche durch jene Beziehung für uns *bedeutsam* werden, und *nur* diese..... Kultur ist ein vom Standpunkt des *Menschen* aus mit Sinn und Bedeutung bedachter endlicher Ausschnitt aus der sinnlosen Unendlichkeit des Weltgeschehens." (Weber 1988)

Das Verständnis von Kultur ist ebenso vielfältig, wie die zahlreichen Manifestationen der Kultur selbst (vgl. Schmidt 1994).

▶ Unter Unternehmenskultur verstehen wir ein System von gemeinsam Werten sowie Normen und Denkhaltungen, die die Entscheidungen sowie das Handeln der Mitarbeiter auf allen Ebenen prägen und die sich als „gemeinsames mentales Modell erweist" (Schein 2010, Abschn. 1.3).

Die Kultur lässt sich dabei als die Summe aller gemeinsamen, selbstverständlichen Annahmen, die eine Gruppe in der Geschichte erlernt hat, verstehen. Damit bildet die Unternehmenskultur den handlungsprägenden Rahmen (Brohm 2017, S. 7).

Die Mitarbeiter leben in ihrer Unternehmens- und Teamkultur, reflektieren sie aber oftmals nicht. Empirisch konkretisiert wird die Unternehmens- und Teamkultur letztendlich in den Handlungen, die sich aus den Werten der Mitarbeiter ableiten. Die Kultur zeigt sich sowohl in direkt erfahrbaren Kulturebenen (Artefakte), wie z. B. Strategien, Strukturen, Prozessen oder Führung, als auch in der unsichtbaren Bedeutungsebene (Werte, unbewusste Handlungen).

Die Lernkultur ist eine Teilmenge der Organisationskultur. Die Mitarbeiter sind im Regelfall formelle Lernprozesse, vielfach noch mit einer traditionellen Methodik, gewohnt. Soll die Organisationskultur gezielt verändert werden, sind Systeme notwendig, die einen behutsamen Veränderungsprozess der Beteiligten ermöglichen.

In einer Organisationskultur, die z. B. durch starke Hierarchisierung und geringe Eigenverantwortung der Mitarbeiter gekennzeichnet ist, kann eine Lernkultur, die durch Werte wie Selbstverantwortung und kreative Aktivität der Mitarbeiter geprägt ist, nur schwer umgesetzt werden. Die Kultur der Lernwelt kann die gewünschte Organisationskultur aber vorwegnehmen und damit aktiv Einfluss auf sie nehmen. Damit wird die Gestaltung der Organisationskultur ein wesentliches Richtziel des Bildungssystem.

Im Wertemanagement muss zwischen den individuellen Werten („Human Values"), Teamwerten („Team Values") und den Organisationswerten („Corporate Values") unterschieden werden:

- *Organisationswerte* sind die Werte der Organisationskultur. Sie umfassen Elemente der sinnlichen Identifizierbarkeit, des ökonomischen Erfolgs, der Organisationsethik und der Organisationspolitik (vgl. Wieland 2004).
- *Teamwerte* sind Ideen und Ansichten, Orientierungen und Verhaltensweisen, die von den Mitgliedern eines Teams als wichtig, gut und damit erstrebenswert angesehen werden. Sie beeinflussen das Handeln im Team in nachhaltiger Weise
- *Individuelle Werte* sind Ideen und Ansichten, Orientierungen und Verhaltensweisen, die unter dem Begriff Werte zusammengefasst werden und von den einzelnen Menschen als wichtig, gut und damit erstrebenswert angesehen werden. Sie beeinflussen nicht nur Urteile und Bewertungen, sondern auch Handlungsweisen in nachhaltiger Weise (vgl. Heintze 2005).

Zwischen der Wahrnehmung der Wirklichkeit und der Vorstellung der passenden Organisationskultur vermittelt ein wertender *Erkenntnis- und Erfahrungsprozess*. Die Differenzen oder Widersprüche, die in diesem *Wertungsprozess* deutlich werden, münden in Regeln, Normen und verinnerlichten Werten, aber auch in verschiedenen kommunikativen Formen wie Bräuchen, Ritualen oder Artefakten, wie Architektur, Formgestaltung oder Moden.

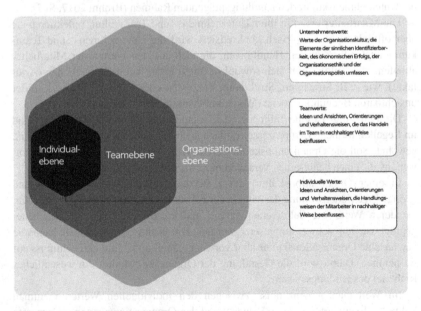

Abb. 2.1 Ebenen der gezielten Werteentwicklung

Werte entwickeln sich also in jeweils eigenen Prozessen auf drei Ebenen der Organisation (vgl. Abb. 2.1).

Wertemodell

Die vier wichtigsten *Basiswertungen, die Wertearten, sind jeweils in vier Werte unterschieden* (vgl. Erpenbeck und Sauter 2019) (vgl. Abb. 2.2).

GENUSSWERTE		NUTZENWERTE	
Kreativität	**Gesundheit**	**Lebensstandard**	**Sicherheit**
Es ist diesen Menschen wichtig, den eigenen Einfallreichtum, die Phantasie oder das künstlerische Interesse weiter entwickeln zu können und aktiv kreative Entwicklungsräume, auch im Netz, zu nutzen.	Es ist diesen Menschen wichtig, sich körperlich oder geistig zu verausgaben, Mitmenschen durch ihre Aktivitäten mit zu reißen sowie körperliche Anerkennung und sogar Bewunderung zu erfahren.	Es ist diesen Menschen wichtig, einen hohen Wohlstand zu erreichen, der sich in ihrer Karriere, aber auch im Einkommen und Vermögen, oder in einer gesundheitsbewussten Lebensweise niederschlägt.	Es ist diesen Menschen wichtig, in relativ sicheren beruflichen und privaten Perspektiven zu leben und die eigenen Erfolge über ihr Einkommen und ihre finanzielle Absicherung anerkannt zu bekommen.
Bildung	**Beziehungen**	**Belohnung**	**Gemeinnutz**
Es ist diesen Menschen wichtig, die Freude am eigenen Erkennen und Verstehen zu vertiefen, inspirierende Erlebnisse zu haben und Erfahrungen zu gewinnen, die ihren Wissenshorizont erweitern, sowie an Problemen mit Spaß zu knobeln.	Es ist diesen Menschen wichtig, gute Mitmenschen zu wählen, die sie anerkennen, akzeptieren und mit denen sie sich beim aktiven Zusammenwirken wohlfühlen und Spaß haben sowie Freundschaften aufbauen können. .	Es ist diesen Menschen wichtig, ihr Wissen und Können nutzbringend zu verwenden, eigene Ideen, Pläne oder Projekte erfolgreich umzusetzen, sich beruflich weiter zu entwickeln und dafür Anerkennung und Lob zu erhalten.	Es ist diesen Menschen wichtig, dass ihr Handeln auch Kollegen, ihren beruflichen Netzwerke sowie der Organisation nützt und sich in Netzwerke einzubringen sowie kreative Lösungen mit herbei zu führen.
Familie	**Ideale**	**Individuelle Freiheit**	**Einfluss**
Es ist diesen Menschen wichtig, ein gutes Familien- oder Partnerschaftsleben mit gegenseitiger Akzeptanz und Gerechtigkeit zu führen und das Familienleben sowie die Beziehungen ihrer Freunde und Kollegen zu beachten und zu schätzen..	Es ist diesen Menschen wichtig, sich aktiv für ihre Ideale einzusetzen, die im privaten und beruflichen Bereich Offenheit und Gerechtigkeit fördern, gemeinschaftliche Aktivitäten unterstützen sowie konstruktive Teamarbeit forcieren.	Es ist diesen Menschen wichtig, von anderen Menschen unabhängig zu sein und ihren Freiraum für Weiterentwicklung und Erfolg stetig zu vergrößern, um Selbstverwirklichung und Unabhängigkeit zu erzielen.	Es ist diesen Menschen wichtig, Einfluss und wo nötig Macht zu haben, um im Kleinen oder Großen proaktiv etwas zu verändern und dabei ihre Handlungsspielräume mit Netzwerken und Freundeskreisen sinnvoll zu erweitern.
Verantwortung	**Respekt**	**Norm und Gesetz**	**Netzwerk**
Es ist diesen Menschen wichtig, nach bestem Wissen eigenverantwortlich, orientiert an der Kultur ihrer Organisation, zu leben und zu handeln sowie die Zusammenarbeit und den Austausch mit Freunden und Kollegen verantwortungsvoll zu gestalten.	Es ist diesen Menschen wichtig, auch andersartige Menschen anzuerkennen und zu respektieren, ihnen möglichst viel Verständnis und Achtsamkeit entgegen zu bringen sowie fremde Lebensverhältnisse ohne Vorurteile zu betrachten.	Es ist diesen Menschen wichtig, Regeln zu kennen und zu respektieren, weil sie nur dann kulturelle, ökonomische und politische Fehlentscheidungen vermeiden können, nicht angreifbar sind und dominant werden können.	Es ist diesen Menschen wichtig, sich mit anderen für wichtige gemeinsame Ziele zu verbünden, um ihre eigenen Vorstellungen besser durchzusetzen sowie Wertschätzung und Anerkennung der anderen zu erhalten.
ETHISCH- MORALISCHE WERTE		SOZIAL-WELTANSCHAULICHE WERTE	

Abb. 2.2 Werteatlas nach Erpenbeck, Sauter und Sauter

- *Genusswertungen* sind handlungsleitende Ordner, die den Mitarbeiter dazu bringen, Handlungen zu bevorzugen, die ihm – physischen oder geistigen – Genuss verschaffen. Dabei kann es sich um das Genießen von Essen oder Kunst, aber auch von physischer Anspannung und Herausforderung handeln, es kann sich auf den Genuss am Denken aber auch auf den Genuss freundschaftlicher oder anerkennender sozialer Kontakte bis hin zum „Bad in der Menge" beziehen.

- *Nutzenwertungen* beziehen sich auf alles, was irgendwie nützlich ist. Der Nutzen stellt den Kern vieler ökonomischer Theorien und somit des wirtschaftlichen Handelns dar und ist deshalb eines der zentralen ökonomischen Konstrukte. Nutzenwertungen sind handlungsleitende Ordner, die eine Führungskraft Handlungen bevorzugen lassen, die ihnen Nutzen im weitesten Sinne versprechen. Dabei kann es sich um den Nutzen aus Entdeckungen und Entwicklungen handeln, oder um ökonomischen Nutzen, um den Nutzen, den ein Erfinder aus seinem fachlichen und methodischen Wissen zieht oder um den Nutzen, der aus einer Organisation oder einem Beziehungsgeflecht zu ziehen ist.

- *Ethisch-moralische Wertungen* gelten tendenziell für alle Mitarbeiter gleichermaßen, welchen sozialen Stufen sie ansonsten auch zugehörig sind. Sie sind handlungsleitende Ordner, die dem einzelnen Mitarbeiter Handlungen nahelegen, die das Wohl vieler oder aller Menschen ohne Ansehen der Person zum Handlungsanliegen machen.

- *Sozial-weltanschauliche Wertungen* können sowohl auf einzelne Menschen wie auf kollektive Subjekte gerichtet sein. Sie sind handlungsleitende Ordner, die Einzelnen oder Gruppen (Unternehmen, Abteilungen, Teams…) zu einem sozial akzeptierten, optimalen oder auch zu einem innovativen, sogar revolutionären Handeln bewegen. Sie können inhaltlich und systematisch durchdacht in Beratungsprozesse einfließen oder aber durch dazu fähige Menschen in unterschiedlichen sozialen, politischen Bezügen und Gremien kommuniziert werden.

▶   Wertemanagement ist eine Managementdisziplin, die es unter Nutzung digitaler Kommunikations- und Kollaborationsmedien auf Organisationsebene, auf Teamebene und der individuellen Ebene der Mitarbeiter ermöglicht, den gezielten, selbstorganisierten Aufbau von Werten zu planen und umzusetzen.

Das Wertemanagement hat die Aufgabe, Strukturen, Systeme, Methoden und Werkzeuge zu entwickeln, die eine permanente, immer aktuelle Transparenz der

Werte auf allen Ebenen ermöglicht. Die Hürden, die man in den Organisationen überwinden muss, um diesen Weg zu gehen, sind hoch, aber überwindbar.

Aus diesem Grunde benötigen Organisationen ein Wertemanagement, das auf drei Ebenen ansetzt:

- Organisationales Wertemanagement, das durch die obere Führung strategisch gesteuert und über ein Wertemanagement-Team unternehmensweit umgesetzt wird.
- Wertemanagement auf der Teamebene, das jeweils durch die verantwortlichen Führungskräfte verantwortet wird.
- Wertemanagement auf der Mitarbeiterebene, das durch die Mitarbeiter selbst organisiert wird.

Es hat sich bewährt, mit dem Wertemanagement zunächst auf der Organisationsebene zu beginnen, um dann das Wertethema über die Teams in die gezielte Mitarbeiterentwicklung zu tragen.

Voraussetzung dafür ist die Werterfassung auf allen Ebenen.

[1] vgl. Wieland (2004).

Werteerfassung

3

> *Was Du nicht messen kannst, kannst Du nicht managen*
>
> Peter Drucker (https://www.zitate-online.de/
> autor/drucker-peter/)

Individuelle Kompetenzen und Kompetenzverteilungen lassen sich heute zuverlässig messen (vgl. Erpenbeck, von Rosenstiel et al. 2017). Auch *Werte und Werteverteilungen* lassen sich heute ebenfalls zuverlässig messen (Rokeach 1973; Schwartz-Bilsky 1987; Klages-Gensicke 2006).

Wir geben in Tab. 3.1 eine zusammenfassende Übersicht der unser Ansicht nach bemerkenswertesten wertebezogenen Einschätzungsfahren, die im deutschsprachigen Raum bevorzugt benutzt werden.

Bedeutung der Werteerfassung

Die Bedeutung der Werteerfassung nimmt zu. Dafür sind folgende Gründe maßgeblich (vgl. im Folgenden Erpenbeck und Sauter 2018, S. 21–74):

- *Erstens* erweitert sie die Möglichkeiten, über institutionelle und individuelle Werte, z. B. über agile Werte, nachzudenken und zu sprechen.
- *Zweitens* ist dieses Finden einer gemeinsamen Sprache für die Formulierung von Unternehmenszielen, aber auch individueller Entwicklungsmöglichkeiten notwendig.
- *Drittens* sind Wertungen untereinander, mit Kompetenzen, mit dem Handeln von Einzelnen, Gruppen und sozialen Strukturen eng vernetzt. Dies wird in unterschiedlichsten Typologien und Definitionen sehr deutlich und gestattet es,

© Springer Fachmedien Wiesbaden GmbH, ein Teil von Springer Nature 2020
J. Erpenbeck und W. Sauter, *Werteerfassung und Wertemanagement*, essentials,
https://doi.org/10.1007/978-3-658-30196-5_3

Tab. 3.1 Relevante Einschätzungsverfahren im deutschsprachigen Raum. (Aus Erpenbeck und Sauter (2018, S. 60–62); mit freundlicher Genehmigung. von © Springer-Verlag GmbH Deutschland 2018. All Rights Reserved)

Namen des/der Entwickler, entwickelnde Institution	Ersteinsatz	Name des Verfahrens	Kurzcharakteristik des Verfahrens
Klages, Gensicke	Etwa 1984	Wertesurvey Wertewandel-Messungen	Aufstellung wesentlicher, viele Werte abdeckender Wertehaltigkeitsitems, und zwar solcher die sich nur langsam verändern und Langzeitvergleiche ermöglichen
Spranger, Waschulewski	1914/2002	Fragebogen zur Erhebung der Werteorientierungen	Eine Umsetzung der „Lebensformen" in einen Test, unter besonderer Berücksichtigung der Erlebensaspekte
Schwartz, Schwartz/Bilsky	1985/1987	Value Survey Universelle Wertestruktur Werteinventar	Entwicklung eines Wertekreises, der eine große Gesamtheit von Werten abdeckt, metrisiert und der Messung zugänglich macht
Rokeach	1973	Value Survey	18 instrumentelle, 18 existenzielle Werte, ein leicht ausfüllbarer, gut einsetzbarer Fragebogen
Witte	Ab 1995	Fragebogen zu ethischen Grundpositionen	Es werden Genusswerte, Nutzenwerte, ethische Grundpositionen und die logische Struktur der normativ-ethischen Denkformen erfragt

(Fortsetzung)

Tab. 3.1 (Fortsetzung)

Namen des/der Ent-wickler, entwickelnde Institution	Ersteinsatz	Name des Verfahrens	Kurzcharakteristik des Verfahrens
Hartmann Hartmann Institute	1967	Hartmann Value Profile HVP	Messung persönlicher Wertehaltungen, viel eingesetzt für Personalauswahl, Personalentwicklung und Coaching
Stanford Research Institute	1984	VALS Ansatz	Values and Lifestyle (VALS) Messung, primär für Lifestyle Messungen, Lifestyle als Ausdruck individueller Werteeinstellungen
Beatty	1985	List of Values LOV List of Values deutsch GLOV	Liste von 9 wichtigen Werten, an Rokeach orientiert, Betonung persönlicher Werte. Vorhandensein in deutscher Sprache einserzbaren Version
Bales Symlog Consulting Group	1978	SYMLOG System fort the Multiple Level of Groups	Messung von Werten im individuellen und gruppenorientiertem Handeln, auch Wertemessung auf Unternehmensebene
Meynhardt	2004/2011	Wertwissensgrid Public Value Scorecard	Wertehaltungen von Managern, Werte die von ihnen gelebt oder abgelehnt werden. Gesamthafte Wertehaltungen von Unternehmen, Regionen, Ländern

(Fortsetzung)

Tab. 3.1 (Fortsetzung)

Namen des/der Entwickler, entwickelnde Institution	Ersteinsatz	Name des Verfahrens	Kurzcharakteristik des Verfahrens
Barrett Barrett Zentrum	1997	Personal Values Assessment PVA	Erfassung individueller Werte, Werte von Unternehmen und Werte von Organisationen, u. a. von Schulen
Word Value Survey Association	1981	World Value Survey	Große internationale Erhebungen der Wertelandschaften in allen fünf Kontinenten. Periodische Treffen der beteiligten Institutionen
Reiß u. a. Reiß Profile Germany	2000	Reiß Profile	16 Lebensmotive. Charakterisierung und Messung von Werten, die individuellem Handeln zugrunde liegen. Im Unternehmensbereich verbreitet
Früher DISG Persolog	Etwa 1965	VAS Werteanalyse	Values and Attitude Study (VAS). Wertevorstellungen von Mitarbeitern, um Stärken und Schwächen im Unternehmen zu erkennen. Auf eine gelebte Unternehmenskultur gerichtet
Früher DISG Insights	Etwa 1965	Insights Akkreditierungs Handbuch	Messungen persönlicher Interessen und Wertevorstellungen mit Bezug auf die Persönlichkeits- und Kompetenzanalysen

(Fortsetzung)

Tab. 3.1 (Fortsetzung)

Namen des/der Ent-wickler, entwickelnde Institution	Ersteinsatz	Name des Verfahrens	Kurzcharakteristik des Verfahrens
Atkins Katcher	1967	LIFO Life Orientation	Erarbeitung und Messung von Grund-werte-Stilen des Handelns. Lebensnahe und in kurzer Zeit aus-zufüllende Testbogen. Oft in Unternehmen eingesetzt
Kraak Nord-Rüdiger	1989	FLL Fragebogen Lebens-ziele Lebenszufriedenheit	Persönliche Ein-stellung zu wichtigen Wertedomänen existenzieller Art. Lebensnah und kurz-zeitig ausfüllbar
Von Schumann Böttcher	2015	Wertekompass Was ist mir wichtig	Ein einfaches, in Coachingsituationen und Lebensberatungs-konstellationen wirkungsvoll einsetz-bares Instrument
Kliebisch	1995	Wertehaltungen	Eingesetzt im pädagogischen Rahmen, Werte nicht lehrend sondern erlebend auf-bauen. Eine selbst zu rangende Werteliste und ein Wertehandel zur Werteeinschätzung
Kilmann	1980	Conflict Mode Instrument	Messung der instrumentellen Werte Konkurrieren, Vermeiden, Entgegen-kommen
Krumm	2014	9stufiges Modell der Wertesysteme 9level onlinetool	Modell von 9 Werte-ebenen für einzelne Personen, für Teams und für Organisationen

(Fortsetzung)

Tab. 3.1 (Fortsetzung)

Namen des/der Ent-wickler, entwickelnde Institution	Ersteinsatz	Name des Verfahrens	Kurzcharakteristik des Verfahrens
Rothenberger	1992	Diagnose von Werten in Unternehmen	Diagnose der Ver-einbarkeit von gesellschaftlichen Werten und Werten der Unternehmenskultur einerseits – sowie der Unternehmens-kultur und der Werte individueller Mit-arbeiter andererseits
Erpenbeck Heyse	2000	KODE® Kompetenzdiagnostik und -entwicklung	Kompetenzfragebogen nach den Basis-kompetenzen. Mit viel-fachen Wertebezügen, unter anderem Fragen nach den Handlungs-idealen
Erpenbeck Brenninkmeijer	2005	WERDE© Wertediagnostik und -entwicklung	Instrument zur Messung von individuellen Werten
Erpenbeck, Sauter, R., Sauter, W.	2018	KODE®W Werte-erfassung und -entwicklung	Konzeption und Instrument zur Werte-erfassung und gezielten Werteentwicklung auf der Organisations-, der Team- und der Individualebene

sie in reale Arbeits- und Gestaltungsprozesse, in Erziehungs- und Bildungs-prozesse fruchtbringend einzubeziehen.

- *Viertens* erlaubt die Möglichkeit, Wertungen zu messen, Einschätzungen, die zuvor nicht möglich waren. Welche Organisationswerte erweisen sich als besonders wirkungsvoll und letztlich ertragreich? Welche Werteausstattungen sind für bestimmte Teams günstig, und wann durchkreuzen andere angestrebte

Erfolge? Welche Werte machen Menschen erfolgreich und zufrieden, welche lassen sie in Widerspruch zu anderen oder zu den Verhältnissen geraten, fördern oder verhindern die Entstehung notwendiger Kompetenzen? Dabei heißt Messung nicht unbedingt eine Zahlenbestimmung bis zur Kommastelle. Schon die Feststellung mehr oder weniger, intensiver oder weniger intensiv wirkender institutioneller Wertefestlegungen oder individueller Werteeinstellungen ist eine große praktische Unterstützung.

- *Fünftens* hat die Verknüpfung von Kompetenz- und Werteaspekten ein völlig neuartiges Herangehen an die Werteproblematik zur Folge, das zu einer großen Praxisnähe führt. Werte werden nur dann konkret, wenn von ihnen ausgehend Handlungsabsichten entstehen, Handlungsvorsätze ausgeführt werden und Handlungsresultate Rückschlüsse auf die Wertetreiber zulassen.

Erfassungs-Verfahren am Beispiel KODE®W

▶ *KODE®W ist ein Verfahren, um Werte auf individueller, teambezogener und organisationaler Ebene transparent zu machen und miteinander mit dem Ziel zu vergleichen, Transparenz der Werte auf allen Ebenen zu ermöglichen.*

KODE®W ist die Grundlage für ein systematisches Wertemanagement und bietet den Mitarbeitern, Teams und Organisationen direkt umsetzbare Interpretations- und Entwicklungsangebote.

KODE®W

- ermöglicht den Vergleich von Werten auf allen, aber auch zwischen Mitarbeitergruppen, Unternehmensbereichen oder Regionen.
- schafft die transparente Grundlage, gemeinsam über Werte zu reflektieren,
- bildet die Basis die Definition von Wertezielen auf individueller, teambezogener und organisationaler Ebene,
- ermöglicht eine gezielte, personalisierte, teambezogene oder organisationale Werteentwicklung,
- schafft die Basis für ein organisationsweites Wertemanagement auf allen Ebenen,
- macht deutlich, welche Werte für die Kompetenzentwicklung vor allem als Ordner des Handelns dienen.

Die Grundkonzeption von KODE®W wurde von Prof. Dr. John Erpenbeck auf Basis der über zehnjährigen Erfahrung mit dem Wertemess-System WERDE

unter Einbeziehung der Items des Klages-Gensicke-Survey (Shell – Jugendstudien) entwickelt und in enger, kreativer Zusammenarbeit mit Roman Sauter
und Prof. Dr. Werner Sauter realisiert und in der Praxis erprobt.

Werte bilden seit etwa 1985 einen Kern der wissenschaftlichen Arbeit von
John Erpenbeck. In seinem Buch „Wertungen, Werte – das Buch der Grundlagen für Bildung und Organisationsentwicklung" (In Zusammenarbeit mit Sauter
2018 Springer Heidelberg Berlin) gibt er den vielleicht umfassendsten Überblick über die Geschichte der Werteforschung. In zwei weiteren Bänden, die er
gemeinsam mit Werner Sauter verfasste, – „Wertungen, Werte – das Fieldbook für
ein erfolgreiches Wertemanagement" (2018 Springer Heidelberg Berlin) sowie
„Wertungen, Werte – gezielte Werteentwicklung von Persönlichkeiten" (2019,
Springer Heidelberg, Berlin) – legen die Autoren Methoden der Werteerfassung,
Möglichkeiten des Wertemanagements sowie vielfältige Verfahren der gezielten
Werteentwicklung von Mitarbeitern praxisbezogen dar.

KODE®W wird durch folgende Merkmale gekennzeichnet:

- Die digitalen Fragebögen erfassen jeweils die 16 Werte des Werte-Atlas von
  Erpenbeck, Sauter und Sauter, die sich aus der Werteforschung ergeben.
- Die Werte werden auf der Ebene der Individuen, der Teams und der
  Organisation erfasst.
- Die Bewertung der einzelnen Werte erfolgt durch einen Schieberegler. Der
  Bewertungsbereich reicht von „trifft nicht zu" bis zu „trifft übertrieben stark zu".
- Als Erfassungsmethode wird ein Rating genutzt, das sich in der Praxis
  bewährt hat. Die Methode des Ranking hat sich in der Werteerfassung dagegen
  nicht bewährt.
- Durch die gleiche Struktur der Fragebögen auf allen Ebenen können viel-
  fältige Vergleiche zwischen individuellen, teambezogenen und organisalen
  Ebenen oder zwischen verschiedenen Mitarbeitergruppen (jung-alt, Frauen
  und Männer, Führungskräfte und Fachkräfte etc.), Unternehmensbereichen
  (Produktion und Verwaltung, Vertrieb und Beschaffung, Stabs- und Linien-
  abteilungen etc.) oder Regionen (z. B. Deutschland und Frankreich) erfolgen,
  sowie Ist-, Wunsch- und Sollwerten erfolgen.
- Auf der Organisations- und Teamebene wird ein direkter Vergleich der Einschätzung der Mitarbeiter der Ist-Werte mit den Werten, die sie sich wünschen
  (Wunsch-Werte) möglich. Daraus können wiederum in einem gemeinsamen
  Prozess Soll-Werte als Ziele für die Werteentwicklung abgeleitet werden.

Um Wertungen qualitativ und quantitativ einzuschätzen, hat sich die Methode
bewährt, Wertefragen, mit Beispielen unterlegt, in einem Fragebogen zusammen
zu stellen und skaliert zu beurteilen.

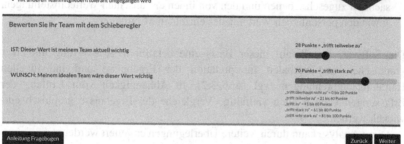

Respekt

Es ist dem Team wichtig, dass seine Mitglieder und Führungskräfte sich auf Augenhöhe begegnen und gegenseitig unterstützen, z.B. dass

- alle ohne Rücksicht auf Hierarchien miteinander wertschätzend kommunizieren und arbeiten können
- allen Teammitgliedern, unabhängig von Herkunft oder Religion, mit Verständnis und ohne Vorbehalte begegnet wird
- fremde Familien- und Lebensverhältnisse ohne Vorurteile betrachtet und andere kulturelle, religiöse und politische Überzeugungen grundsätzlich respektiert werden
- mit anderen Teammitgliedern tolerant umgegangen wird

Bewerten Sie Ihr Team mit dem Schieberegler

IST: Dieser Wert ist meinem Team aktuell wichtig
28 Punkte = „trifft teilweise zu"

WUNSCH: Meinem idealen Team wäre dieser Wert wichtig
70 Punkte = „trifft stark zu"

„trifft überhaupt nicht zu" = 0 bis 20 Punkte
„trifft teilweise zu" = 21 bis 40 Punkte
„trifft zu" = 41 bis 60 Punkte
„trifft stark zu" = 61 bis 80 Punkte
„trifft sehr stark zu" = 81 bis 100 Punkte

Anleitung Fragebogen
Zurück Weiter

Abb. 3.1 Erfassungsbogen KODE®W für Werte auf Teamebene. (Quelle: Kode GmbH)

Die Methodik der Befragung mit KODE®W wird mit dem in Abb. 3.1 dargestellten Auszug aus dem Fragebogen für Individuen deutlich. Jede Frage wird dabei durch vier Beispiele, die in einem gemeinsamen Prozess auf die Besonderheiten der Rahmenbedingungen, der Kultur oder der Sprache der jeweiligen Organisationen angepasst werden, konkretisiert. Die Erhebung der Werte erfolgt mithilfe einer Software, die an die bekannten Kompetenzmess-Systeme KODE® und KODE®X angeglichen ist.

Wir orientieren uns bei KODE®W an Erfahrungen mit vergleichbaren Erfassungsverfahren. (Bortz, Döring 2014 S. 181) Allen messtheoretischen Einwänden zum Trotz sind Ratingskalen die am meisten eingesetzten Instrumente in der Psychologie und in den Sozialwissenschaften (Schulz von Thun 2018).

KODE®W weist folgende Merkmale auf:

- Er ist leicht und schnell ausfüllbar (<15 min.)
- Intuitive Bearbeitung der 16 Werte, die dadurch erreicht wird, dass zu jedem Wert vier anschauliche Beispiele unterlegt werden. Diese können in einem gemeinsamen Workshop organisationsspezifisch angepasst werden, sodass sich die Mitarbeiter in den Formulierungen wieder finden. Die Einschätzung des jeweiligen Wertes durch die Mitarbeiter leitet sich dabei jeweils aus dem am stärksten bewerteten Beispiel ab. Es genügt also, wenn der Mitarbeiter bei einem Beispiel zu einer hohen Einschätzung gelangt, um den Wert insgesamt hoch einzuschätzen.

- Klare gedankliche Verbindungen zu den Items des hoch validen Klages-Gensicke-Survey der Shell – Jugendstudien ohne unmittelbare Verbindungen herzustellen. Damit basiert die Konzeption auf der breiten Erfahrung der relevanten Werteforschung.

- Direkter Vergleich der in Leitbildern oder in Team-Sollwerten dargelegten Werten mit denen von den Mitarbeitern dem Unternehmen oder Team tatsächlich zugeschriebenen und den von ihnen erwünschten Werteeinstellungen, sowie den persönlichen Werten jedes einzelnen Mitarbeiters.

Die Software erstellt auf dieser Basis eine detaillierte Auswertung mit einer graphischen und verbalen Interpretation der Ergebnisse und individuellen Handlungsempfehlungen (vgl. Abb. 3.2). In Abhängigkeit vom Umfang der Erfassungen können auch vielfältige Vergleiche der Ergebnisse graphisch entwickelt werden.

Diese Analyse kann durch weitere Überlegungen erweitert werden:

- Welche der nicht so hoch beurteilten Werte könnten durch den Mitarbeiter oder das Team verstärkt werden, um die angestrebten Kompetenzen zu stärken?
- Welche weiteren Werte könnten dabei zusätzlich unterstützend wirken?
- Welche Herausforderungen in der Praxis sind geeignet, diese Werteentwicklung zu ermöglichen?
- Welche Werteziele sollen dabei verfolgt werden?
- Wie sieht die konkrete Planung für die personalisierte Werteentwicklung bzw. die Werteentwicklung im Team aus?
- Wie sieht die konkrete Planung für die Werte- bzw. Kulturentwicklung auf Organisationsebene aus?

Sozial-weltanschauliche Werte   Genusswerte

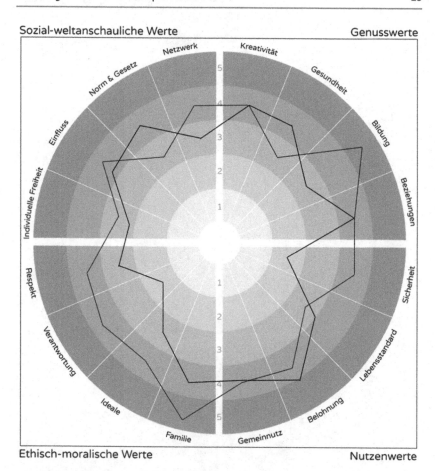

Ethisch-moralische Werte   Nutzenwerte

Abb. 3.2 Auswertung im Vergleich Individualwerte zu Organisationswerte mit KODE®W. (Quelle: Kode GmbH)

Gezieltes Werte- und Kulturmanagement auf organisationaler Ebene

4

Eine starke Kultur kann ein echtes Hindernis darstellen, wenn sie nicht zur Strategie passt

Groysberg et al. (2018, S. 29)

Die Werte auf Organisationsebene und die Performanz der Organisation bilden sich, wie die Teamwerte, in eigenen, organisationsübergreifenden Prozessen heraus. Wenn sich eine Organisation entwickelt, dann verändert sie ihren Rahmen bzw. ihre Struktur, d. h. ihre Fähigkeiten und ihr konkretes Tun. Organisationale Entwicklung muss deshalb bei der Gestaltung der erforderlichen Strukturen und Rahmenbedingungen ansetzen. Es entwickelt sich das „Ganze" – und das ist bekanntlich nicht die Summe seiner Teile, sondern etwas anderes (vgl. Radatz 2011, 90 ff.).

Veränderungsprojekte, die nur auf die Ausformulierung von hehren Leitbildern und Grundsätzen beruhen, können allein keine Veränderung auslösen. Die Mitarbeiter sehen, dass auf die in Hochglanzbroschüren und schicken Websites proklamierten Wertelisten keine Taten folgen und es macht sich Zynismus breit. Deshalb schaden solche Kulturinitiativen oft mehr, als sie nutzen (vgl. Ibold et al. 2018).

Die Anpassung des Systems „Organisation" erfordert deshalb ganzheitliche Konzepte, die nicht einseitige, isolierte Lösungen anstreben. In diesem Zusammenhang muss insbesondere die Selbstorganisation der Organisationsmitglieder, die ihre Potenziale und ihr Wissen einbringen, sowie der Teams gefördert werden. Organisationales Werte- und Kulturmanagement hat dabei das Ziel, die Werte der Organisation und damit die Kultur im Sinne der Unternehmensstrategie zu verändern, auch wenn diese im Widerspruch zu den individuellen Werten stehen.

© Springer Fachmedien Wiesbaden GmbH, ein Teil von Springer Nature 2020
J. Erpenbeck und W. Sauter, *Werteerfassung und Wertemanagement*, essentials,
https://doi.org/10.1007/978-3-658-30196-5_4

▶ Organisationales Werte- und Kulturmanagement ist ein geplanter, gelenkter und systematischer Ermöglichungsprozess mit dem Ziel, die Werte und damit die Kultur im sozialen System Organisation von innen heraus zu optimieren, damit die strategischen Ziele erreicht werden.

Das unternehmensweite Werte- und Kulturmanagement leitet sich direkt aus den strategischen Anforderungen ab. Deshalb kommt der oberen Führungsebene eine zentrale Bedeutung als Initiator und Begleiter von Prozessen des Werte- und Kulturaufbaus in der Organisation zu.

▶ Wertemanagement auf Team- und Organisationsebene ist immer auch Kulturmanagement, Kulturmanagement ist Wertemanagement.

Das Verständnis von Kultur ist ebenso vielfältig, wie die zahlreichen Manifestationen der Kultur selbst. In der Literatur finden sich etwa 150 verschiedene Definitionen von Kultur (vgl. Martz-Irngartinger 2010).
Unter Organisationskultur verstehen wir ein System von gemeinsam Werten sowie Normen und Denkhaltungen, die die Entscheidungen sowie das Handeln der Mitarbeiter auf allen Ebenen prägen und die sich als „gemeinsames mentales Modell erweist" (nach Schein 2010, Abschn. 1.3).
Die Kultur ist dabei die Summe aller gemeinsamen, selbstverständlichen Annahmen, die eine Gruppe in ihrer Geschichte erlernt hat. Die Mitarbeiter leben in ihrer Unternehmenskultur, reflektieren sie aber oftmals nicht. Konkretisiert wird die Unternehmens- und Lernkultur letztendlich in den Handlungen, die sich aus den Werten in der Organisation ableiten.
Nach Edgar H. Schein (2010) können drei Ebenen der Kultur unterschieden werden (vgl. Abb. 4.1):

1. *Sichtbare Ebene:* Artefakte, z. B. Lernrahmen, Medien oder Symbole, sowie Handlungsweisen, z. B. durch Führungskräfte oder Coaches
2. *Werte,* z. B. rechtskonformes Handeln (Norm und Gesetz), diskriminierungsfreier Umgang miteinander (Respekt) oder aktive Weitergabe von Wissen (Gemeinnutz).
3. *(Nicht hinterfragte und oft falsche) Grundannahmen,* z. B. dass ältere Mitarbeiter angeblich kaum mit neuen Medien lernen können.

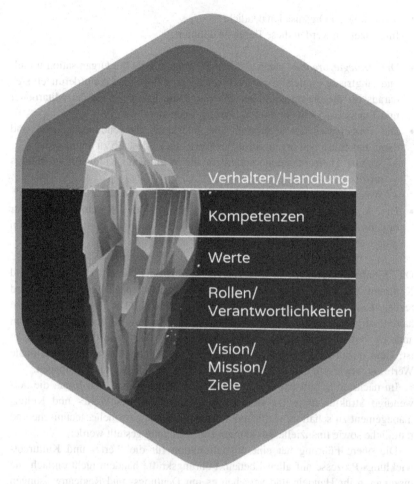

Abb. 4.1 Das Eisberg-Modell der Unternehmenskultur

Obere Führung – organisationale Werte – und Kompetenzmanager

Das Top-Management initiiert das organisationsweite Werte- und Kulturmanagement und sichert den Rahmen für eine erfolgreiche Umsetzung auf allen Ebenen der Organisation. Gleichzeitig macht es die hohe Bedeutung der Werte und Kompetenzen für den Erfolg der Organisation deutlich. Im Einzelnen werden diese Bereiche definiert:

- Die *Strategievorgaben* machen deutlich, welche Ziele die Organisation mittel- und langfristig erreichen will und welche grundlegenden Anforderungen sich daraus für die organisationalen Werte und die Kompetenzen der Mitarbeiter und Teams aus Sicht der oberen Leitung ergeben.
- Die *Prozessvorgaben* begrenzen die relevanten Anwendungsbereiche und damit das Entstehen organisationaler Werte. Es ist deshalb zu definieren:
  - Welche Themenbereiche sollen für die Werte- und Kultur-Entwicklungsprozesse bevorzugt gewählt werden?
  - Welche „Spielregeln" sind bei diesen Prozessen grundsätzlich einzuhalten?
- Die *Kommunikationsvorgaben* legen fest, wie die Kommunikation der organisationalen Werte und der Kompetenzanforderungen in der Organisation grundsätzlich erfolgen soll.

Die Sinnhaftigkeit der Strategievorgaben wird im Prozess der Werte- und Kulturentwicklung nicht zur Disposition gestellt. „Das neue Unternehmen wird realisiert und alle Systemmitglieder haben die Möglichkeit, es für sinnvoll zu halten, zu gestalten und sich so aktiv an der Entwicklung zu beteiligen, oder ein anderes System zu wählen" (Radatz 2011, S. 111). Nur wenn dies gewährleistet ist, kann davon ausgegangen werden, dass es möglich ist, neue organisationale Werte zu entwickeln und zu leben sowie die erforderliche Kultur aufzubauen.

Im nächsten Schritt hat die Geschäftsführung die Aufgabe zu lösen, die notwendige Struktur für ein systematisches organisationales Werte- und Kulturmanagement zu schaffen. Dafür müssen ausreichende personelle, technische und räumliche sowie finanzielle Ressourcen zur Verfügung gestellt werden.

Die obere Führung hat eine Signalfunktion für die Werte- und Kulturentwicklungs-Prozesse auf allen Ebenen. Führungskräfte handeln nicht einfach, sie inszenieren ihr Handeln und versehen es mit Deutungs- und Regieanweisungen (vgl. Neuberger 2002; Stiefel 1999). Das Ziel ist dabei, dass die obere Leitung möglichst viele Anlässe zur Kommunikation mit den Mitarbeitern nutzt, um organisationale Werte zu thematisieren, und ihr eigenes Handeln danach ausrichten.

Hierfür bieten sich vor allem folgende Instrumente an (vgl. Stiefel 1999): Symbolische Führung durch

- *Sprache und Kommunikation,* z. B. über einen regelmäßigen, persönlichen Blog der oberen Führungskräfte, vor allem zu wertebeladenen Themen und zu Fragen der Kompetenzentwicklung,
- *konkrete Handlungen,* z. B. durch aktive Mitwirkung in organisationsweiten Werte-und Kompetenz-Entwicklungsmaßnahmen,
- *symbolische Gesten,* z. B. durch ausdrückliche Betonung oder Belohnung werteorientierten und kompetenten Handelns einzelner Mitarbeiter,
- *werteorientiertes und kompetentes Handeln in kritischen Situationen,* z. B. durch Entscheidungen, die sich konsequent an den Wertezielen der Organisation orientieren, auch wenn sich dadurch Nachteile für sie ergeben,
- *die Gestaltung der Rahmenbedingungen,* z. B. offene, hierarchiefreie Büro-landschaften ohne eigene, abgeschlossene Büros der Führungskräfte.

Werte - und Kulturmanagement

Unternehmenskulturen haben vielfältige Wirkungen auf die Umwelt, auf die Systemmitglieder und natürlich auf die jeweilige Organisation. Ein einfacher Wirkungszusammenhang zwischen der Stärke einer Unternehmenskultur und dem Leistungsniveau (Rentabilität, Produktivität, Wachstum etc.) lässt sich jedoch nicht nachweisen. Die Wirkungspfade sind verwickelter und die funktionalen Bezüge vielfältig.

Die große Herausforderung der Unternehmen ist es, einen geplanten Wandel ihrer Organisationskultur zu vollziehen. Durch die stattfindenden Veränderungen in sozialen, wirtschaftlichen und politischen Bereichen, welche ständig neue Anforderungen an erfolgreiches Management stellen, sehen sich Unternehmen vor der Aufgabe, sich nicht nur anzupassen, sondern aktiv im Sinne von Über-leben des Systems Unternehmen zu handeln. Dies erfordert zum einen neue Orientierungen, um bei aller Komplexität und Dynamik einen Fixpunkt zu bekommen. Zum anderen hilft es nicht, wenn die neue Unternehmensphilosophie und -strategie erfolgversprechend formuliert wurde und nur in Leitbildern oder Hochglanzbroschüren oder Reden festgehalten ist, das tatsächliche Handeln der Organisationsmitglieder sich aber nicht ändert, weil man an Bestehendem festhält und die neuen Werte und Normen nicht gelebt werden.

Eine gezielte Steuerung und Beeinflussung einer Unternehmenskultur erfordert wegen deren komplexen und vernetzten Charakters eine professionelle Erfassung von Ist- und Wunschwerten für die Organisation. Erst dadurch wird eine breit legitimierte, gezielte Kurskorrektur möglich, bei der ein geplanter Wandel initiiert wird, der auf die gemeinsam definierte Mission der Organisationskultur sowie der daraus abgeleiteten Soll-Werte zielt (vgl. Abb. 4.2). Zur Steuerung dieser Veränderungsprozesse installiert die Geschäftsleitung ein *Werte- und Kompetenzmanagement-Team,* das als Motor der Neugestaltung eingerichtet wird, das die Strategie für diesen ausgewählten Bereich formuliert und einen Prozess zur Entwicklung und Erprobung eines innovativen Entwicklungssystems definiert.

▶   Das Werte- und Kompetenzmanagement-Team, das die Strategie agiert als Motor des Werte- und Kulturwandels, das die Strategie des Werte- und Kulturmanagements definiert und auf Basis der Unternehmensstrategie einen unternehmensweiten Prozess zur Entwicklung der Organisationswerte im Sinne der Mission der Organisationskultur und der Soll-Werte initiiert, agiert insbesondere als Motor des Werte- und Kulturwandels.

Mit dieser Struktur soll ein dynamischer Prozess der laufenden organisationalen Werte- und Kulturentwicklung ermöglicht werden. Insbesondere sind folgende Bereiche zu bearbeiten:

- Definition der Ziele
- Gestaltung neuer Kernprozesse
- Festlegung der Kommunikationsstrukturen

Werte- und Kulturmanagement auf organisationaler Ebene

◆ **Vorab:**
  Werteerfassung Ist und Wunsch mit KODE®W, Analyse und Bewertung, Ableitung der Organisations-Sollwerte, Mission der angestrebten Organisationskultur, Vorschlag für Korridorthemen

◆ **Organisationsweiter Kommunikationsprozess**
  - Barcamp
  - Connective MOOC: Virtueller Kommunikationsraum mit themenbezogenen Sprints
  - Workshop: Weiterentwicklung der Mission der Organisationskultur

◆ **Organisationale Werteentwicklung in der Praxis mit Korridorthemen**
◆ **Regelmäßige Workshops, Webinare, Barcamps, Werteerfassungen ....**

Individual-ebene   Teamebene   Organisations-ebene

Abb. 4.2 Gezieltes Wertemanagement auf Organisationsebene

Die obere Leitung definiert über die Strategievorgaben die Ziele des Werte- und Kulturmanagements, lässt aber die Handlungsweisen bewusst offen. Die organisationale Werteentwicklung und die Verbesserung der Performanz der Unternehmung erfordern einen regelmäßigen kommunikativen Austausch zwischen der oberen Organisationsleitung und den Mitglieder des Werte- und Kompetenzmanagement-Teams.

Das Werte- und Kompetenzmanagement-Team hat im Einzelnen folgende *Aufgaben* zu erfüllen:

- Steuerung des Prozesses zur Entwicklung der Mission der angestrebten Unternehmenswerte bzw. Unternehmenskultur sowie der Performanz der Unternehmung
- Analyse der aktuellen Organisationswerte (Ist-Werte) und Wunsch-Werte der Mitarbeiter sowie des bisherigen Werte- und Kompetenzmanagements
- Steuerung der Prozesse zur Definition der organisationalen Soll-Werte
- Initiierung einer organisationsweiten Kommunikation über die Maßnahmen des Werte- und Kulturmanagements, z. B. über einen digitalen Kommunikationsraum im Intranet
- Konzeption, Umsetzung und laufende Pflege des Ermöglichungsrahmens für den Werte- und Kompetenzaufbau
- Initiierung einer agilen Entwicklungskultur mit dem Ziel der Werte- und Kompetenzentwicklung auf Organisationsebene
- Initiierung der Kompetenzentwicklung der mittleren Führungskräfte als Wertemanager ihrer Teams und Entwicklungspartner ihrer Mitarbeiter
- Initiierung der Werte- und Kompetenzentwicklung auf Teamebene, z. B. in teambezogenen Praxisprojekten innerhalb der Korridorthemen
- Initiierung der Kompetenzentwicklung der Prozessbegleiter auf der Ebene der individuellen Werteentwicklung (Learning Professionals)
- Initiierung des Aufbaus von Werten, Kompetenzen und Performanzen auf individueller Ebene
- Begleitung der Veränderungsprozesse sowie der Entwicklungsprozesse auf individueller, teambezogener und organisationaler Ebene, z. B. über Pilotprojekte
- Evaluation und laufende Optimierung der Entwicklungsarrangements

Das Team sollte Learning Professionals, aber auch sogenannte Kulturhelden, d. h. Fach- oder Führungskräfte mit hoher Akzeptanz im Unternehmen umfassen. Es arbeitet hierarchiefrei mit agilen Methoden, wie z. B. *Scrum, Kanban, Pulse* oder *Design Thinking*, und wählt seinen Teamleiter selbst. Ein meist externer Prozessbegleiter unterstützt das Team in der methodischen Gestaltung der Prozesse.

Unternehmensweiter Kommunikationsprozess

Eine wesentliche Voraussetzung für den Erfolg von Werte- und Kulturentwicklungs-Projekten ist eine hohe, organisationsweite Transparenz über

- die Bedeutung des Werte- und Kultur- sowie Kompetenzmanagements auf allen Ebenen für die Organisation,
- die Ziele des individuellen, des teambezogenen und des organisationalen Werte- und Kulturmanagements,
- die definierten Rahmenbedingungen der Entwicklungs-Prozesse,
- das Zustandekommen dieser Anforderungen,
- die Struktur für ein systematisches organisationales Wertemanagement,
- die jeweiligen Prozesse des Werte- und Kulturmanagements auf den einzelnen Ebenen,
- die Kommunikation und Dokumentation der Ergebnisse.

Dabei ist es eine wesentliche Anforderung, allen Mitarbeitern und Führungskräften die Möglichkeit zu geben, sich über die Antworten auf diese Fragen zu informieren und ihre eigene Sicht, ihre Erwartungen oder Befürchtungen, einzubringen und über alle Hierarchieebenen zu diskutieren.

Für diese unternehmensweite Kommunikation im Intranet der Organisation bietet sich beispielsweise folgende bewährte Vorgehensweise an (vgl. Abb. 4.3).

In einem mehrmonatigen Kommunikationsprozess, der sich an der Struktur des cMOOC orientiert, wird ein organisationsweiter Austausch über die Werte und die Kultur auf individueller, teambezogener und organisationaler Ebene sowie das Werte- und Kompetenzmodell ermöglicht. Anschließend werden die Ergebnisse aus diesen Erörterungen in einem mehrtägigen *Workshop* mit bis zu 30 Teilnehmern aus der Organisation zu einer Mission zusammen geführt (vgl. Corporate Learning Community 2017).

Im Rahmen des cMOOC können alle Mitglieder der Organisation den Prozess des Werte- und Kulturmanagements verfolgen und sich selbst aktiv in die Diskussions- und Entscheidungsprozesse einbringen.

▶ MOOC – Massive Open Online Courses – sind offene, im Netz angebotene Lernmaßnahmen, die jedem Mitarbeiter offenstehen.

Da die Kommunikation mit den Mitarbeitern und der Austausch von Ideen, Anregungen und Kritiken im Vordergrund steht, bietet sich die Ausprägung des *cMOOC*, d. h. connectivist Massive Open Online Courses, an. Diese werden im Kontext von Organisationen durch folgende Grundprinzipien geprägt.

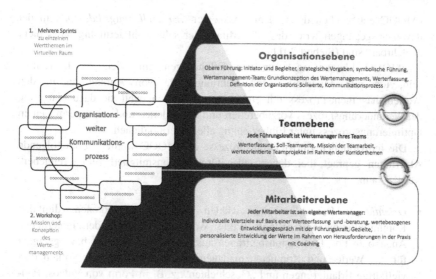

Abb. 4.3 Struktur des organisationsweiten Wertemanagements und des Kommunikationskonzeptes

Sie sind

- offen für alle Mitarbeiter und Führungskräfte, evtl. auch Stakeholders, und setzen selbstorganisiertes und problemorientierte Werte- und Kompetenzentwicklung voraus,
- bauen auf der dezentralen Infrastruktur des Intranets auf,
- vernetzen die Mitglieder mit Hilfe von Communities of Practice, Social Media oder Social Networks,
- werden aber auch mit geschlossene Räumen verknüpft, um Entwicklungsprozesse im vertraulichen Rahmen zu ermöglichen,
- bilden eine wichtige Grundlage für die persönliche Dokumentation im Rahmen von E-Portfolios, d. h. von personalisierten, digitalen Entwicklungsräumen,
- fordern die aktive Mitwirkung aller Teilnehmer,
- können durch Barcamps, offene Tagungen mit frei zugänglichen Workshops, deren Inhalte und Ablauf von den Mitarbeitern("Teilgebern") zu Anfang selbst bestimmt und im weiteren Verlauf gestaltet werden, und Webcamps (virtuelle Barcamps) flankiert werden,
- bilden die Basis für den Aufbau eines Wissensmarktes mit Erfahrungswissen der Mitarbeiter.

cMOOC entsprechen damit dem Ansatz der *„Ermöglichungsdidaktik"*, in der davon ausgegangen wird, dass die Mitarbeiter sehr wohl lernfähig, aber nicht „belehrbar" sind (Siebert 2011).

cMOOC können nach unseren Erfahrungen ein wichtiges Instrument sein, um alle Mitarbeiter und Führungskräfte von Anfang an in den Wertemanagement-Prozess mit einbinden zu können, weil sie dazu beitragen, den Veränderungsprozess vorzubereiten und zu begleiten und einen permanenten Optimierungsprozess unter Einbeziehung aller zu ermöglichen.

Die individuellen Entwicklungsprozesse in cMOOC werden durch folgende Aktivitäten geprägt, bei denen jedes Organisationsmitglied zum „Teilgeber" werden kann:

- *Orientieren:* Die Mitarbeiter wählen aus den angebotenen, digitalen Kommunikationstools (Blogs, Wikis, Workpads…) sowie den inhaltlichen Angeboten und Diskussionsbeiträgen aus, was Ihnen relevant bzw. geeignet für das Werte- und Kompetenzmanagement erscheint. Deshalb sollten dort vielfältige Erläuterungen und „Geschichten", z. B. in Form von Videos, Podcasts, PDF etc. zum Entwicklungsprozess der Werte- und Kulturmanagement-Konzeption eingestellt werden. Außerdem bietet es sich an, zu einzelnen Themenfeldern Communities des Werte- und Kompetenzmanagements Communities einzurichten, in denen mit Experten diskutiert werden kann. Dabei erhalten die Mitarbeiter auch die Gelegenheit, ausgewählte Tools zu nutzen und Erfahrungen zu sammeln.
- *Ordnen:* Die Mitarbeiter analysieren und bewerten die Informationen und die Diskussionsbeiträge. Dadurch werden sie zu „Teilgebern" mit ihren individuellen Erfahrungen und Meinungen. Dabei suchen sie nach Verbindungen zu ihren eigenen Problemstellungen in der betrieblichen Praxis.
- *Beitragen:* Die Mitarbeiter bringen als „Teilgeber" eigene Informationen und Erfahrungsberichte, sowie Lösungsvorschläge, Ideen oder Kommentare in das Netzwerk ein.
- *Teilen:* Die Mitarbeiter teilen ihre Beiträge und entwickeln den cMOOC zu einem gemeinsamen Erfahrungspool weiter, der bottom-up aufgebaut und ständig erweitert wird. Es entwickelt sich ein werte- und kompetenzorientiertes Wissensmanagement.

Die Kommunikation im cMOOC wird durch „Paten" zu den einzelnen Themenbereichen aus dem Werte- und Kompetenzmanagement-Team begleitet. Diese stehen auch als Experten für Fragen zur Wertemanagement-Konzeption zur Verfügung.

Im *Workshop*, der sich aus „Teilgebern" des cMOOC und dem Werte-und Kompetnezmanagementbildet, werden aus den im cMOOC erzeugten Beiträgen in mehreren Tagen vor allem folgende Ergebnisse formuliert (vgl. CLC 2017):

- Mission des Werte- und Kulturmanagements in der Organisation
- Anforderungen an das Werte- und Kulturmanagement-System
- Bewertung der im cMOOC vorgestellten Ideen, Systeme und Anpassungsvorschläge
- Ideen zur weiteren Gestaltung des Werte- und Kulturmanagement-Systems
- Empfehlungen für die Gestaltung der Werte- und Kulturmanagement-Systems auf allen Ebenen

Das Workshop-Team definiert zum Ende des Workshops in Abstimmung mit der Geschäftsführung *Korridorthemen* (Schwerpunktthemen) im Werte- und Kulturbereich, die von besonderer Bedeutung für die Organisation sind. Dabei werden die Werte- und Kulturthemen ausgewählt, die für die Organisation voraussichtlich die größte Hebelwirkung erzeugen (vgl. Abb. 4.4).

Mit dem Begriff des *Korridorthemas* soll zum Ausdruck kommen, dass eine an der Unternehmensspitze entwickelte strategische Marschrichtung gleichsam wie auf einem Gang von oben nach unten durchgesetzt wird. In diesem Gang gibt es Türen, durch die einzelnen Führungskräfte und Mitarbeiter ihre Probleme in den Korridor einbringen und bearbeiten können (vgl. Stiefel 1999, S. 72 ff.).

Korridorthemen für das Werte- und Kulturmanagement können nach folgenden Kriterien identifiziert und bearbeitet werden:

- Die ausgewählten Themen zum Werte- und Kulturmanagement müssen eine strategische Relevanz haben, d. h. in einem direkten Zusammenhang mit der Durchsetzung der Unternehmensstrategie stehen,
- müssen einen direkten Bezug zum Arbeitsalltag sowie zu den Herausforderungen aller Mitarbeiter haben,
- die obere Führung startet jeweils die Bearbeitungszyklen der Korridorthemen mit einem symbolischen Akt, z. B. durch ein Video mit einer klaren Botschaft,

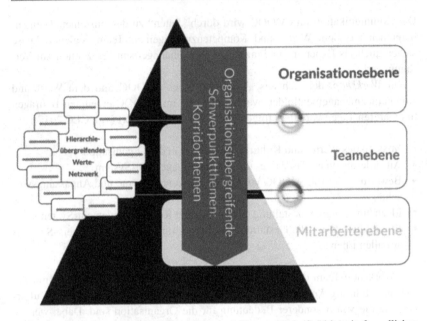

Abb. 4.4 Korridorthemen. (Aus Erpenbeck und Sauter 2018, S. 114; mit freundlicher Genehmigung von © Springer-Verlag GmbH Deutschland 2018. All Rights Reserved)

- der Prozess wird durch das Werte- und Kompetenzmanagement-Team gesteuert und begleitet,
- alle Führungskräfte werden bei der Bearbeitung der Korridorthemen mit ihren jeweiligen Bedürfnissen und Problemstellungen einbezogen, einmal als Führungskräfte und einmal als Geführte,
- sie übernehmen in ihrem jeweiligen Verantwortungsbereich die zentrale Rolle als Werte- und Kulturmanager,
- die Bearbeitung erfolgt mithilfe agiler Methoden, z. B. Design Thinking, Scrum oder Kanban, sodass die Mitarbeiter diese Methoden erleben,
- der Bearbeitungszeitraum umfasst jeweils zwischen 3 und 12 Monaten.

Dies kann am Beispiel neuer Compliance-Regelungen beispielhaft verdeutlicht werden. Diese Regelungen können für die Mitarbeiter, insbesondere im Vertrieb, weitreichende Folgen haben, die ein grundlegen verändertes Handeln erfordern. Die einzelnen Geschäftsbereiche und Teams entwickeln in kollaborativen Prozessen deshalb Handlungsraster für ihren zukünftigen Umgang mit diesen Regelungen in ihrer Praxis. Die Ergebnisse der einzelnen Entwicklungsprozesse werden jeweils in Netzwerk-Communities präsentiert und diskutiert. Damit entwickelt sich ein hierarchieübergreifendes Werte- und Kultur-Netzwerk, das die Mitarbeiter für die neuen Anforderungen an ihre Kompetenzen und Werte sensibilisiert.

Die einzelnen Teams und Geschäftsbereiche handeln nunmehr nach ihren neuen Handlungsrastern und reflektieren regelmäßig über ihre Erfahrungen. Sie bringen ihre Erkenntnisse jeweils in die unternehmensweite Kommunikation mit ein, sodass die Organisation als Ganzes lernen kann und sich im Laufe der Zeit ein gemeinsames Verständnis für den Umgang mit den neuen Compliance Regelungen ergibt.

In regelmäßigen *Bar-Camps* erhalten alle Mitarbeiter die Gelegenheit, ihre individuellen Fragestellungen aus der Praxis offen zu diskutieren. Jeder Mitwirkende kann selber entscheiden, ob er überhaupt mitmacht, ob er nur passiv zuhört oder sich aktiv einbringt. Damit handelt jeder gesteuert von seinen derzeitigen eigenen Interessen. Es treffen sich deshalb in diesen Formaten nur motivierte Mitarbeiter. Das ist einer der wesentlichen Erfolgsfaktoren. Ein weiterer ist der Umgang miteinander auf gleicher Augenhöhe. Da es keinen inhaltlich Bestimmenden gibt, fehlt die übliche hierarchische Rollenverteilung. Jeder kann sich mit seiner Perspektive und damit mit seinen Herausforderungen einbringen.

Die Themen können beispielsweise Vorschläge, Thesen, Erfahrungsberichte, aber auch einfach offene Fragen aus dem Bereich des Compliance sein. Meist werden mehrere „Sessions" nacheinander angeboten, sodass im Verlauf eines Tages eine große Breite an Themen behandelt werden kann. In den Workshops übernehmen weitere Teilnehmer die Dokumentation der wesentlichen Diskussionspunkte. Diese Ergebnisse werden allen Mitarbeitern zur Verfügung gestellt, sodass jeder auch im Nachhinein die Diskussionen gezielt verfolgen und für sich geeignete Rückschlüsse ziehen kann.

Kompetenzentwicklung von Wertemanagern

Ziel der Kompetenzentwicklung von Wertemanagern ist es, die Teilnehmer in die Lage zu versetzen, Werte-Erfassungssysteme professionell in ihre Beratungsprozesse zu integrieren bzw. optimal im Werte- und Kulturmanagement Ihrer Organisation einzusetzen. Deshalb umfasst diese Kompetenzentwicklung der Wertemanager den Beratungsprozess zur Werteerfassung und die Gestaltung des Werte- und Kulturmanagements.

Die Teilnehmer erfahren ein Social Blended Learning Arrangement mit eigener Werteerfassung und Ihrer personalisierten Werteentwicklung. Im intensiven Austausch mit anderen Teilnehmern und den Supervisoren entwickeln sie Ihre individuelle Wertemanagement-Konzeption für ihren Verantwortungsbereich oder Ihren Kunden. Dabei erfahren Sie die neuesten Erkenntnisse aus Forschung und Praxis, wenden diese auf Ihr eigenes Praxisprojekt an und entwickeln eigene Lösungen in einem kollaborativen Prozess mit ihren Kollegen und Supervisoren auf Augenhöhe (vgl. Abb. 4.5).

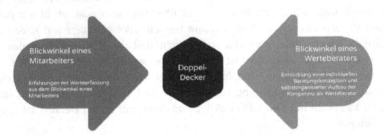

● Vorab: Webinar mit Führungskräften, Individuelle Werteerfassung mit KODE®W, individuelle Werte- und Kompetenzziele, Entwicklungsszenario (Bildungsprojekt)

● Kickoff (1 Tag): Planung der gezielten, personalisierten Werte- und Kompetenzentwicklung

● Selbstorganisierte Werteentwicklung in der Praxis: Erarbeitung einer individuelle Wertemanagement- bzw. Beratungskonzeption

● Abschluss-Webinar (ca. 2 h): Offene Fragen, Präsentation und Diskussion der Konzeptionen, Community of Practice

Abb. 4.5 Kompetenzentwicklung der Wertemanager im „Doppel-Decker" (Erpenbeck und Sauter 2018)

Gezielte Werteentwicklung auf der Teamebene

5

▶ Der Werte- und Kompetenzaufbau in einem Team kann nicht durch die Bündelung der individuellen Werte und Kompetenzen der Teammitglieder erfolgen, sondern erfordert einen eigenen Prozess.

Die Werte auf Teamebene können in einer Organisation sehr unterschiedlich sein und sich deutlich von organisationalen Werten unterscheiden, im Einzelfall sogar konträr zu ihnen stehen. Deshalb benötigen die Teams, d. h. Arbeitsgruppen oder Abteilungen, einen eigenen Prozess zur Beantwortung der Frage, wie sie ihre eigenen Werte in Hinblick auf die strategischen Erfordernisse an ihr Team aufbauen können. Das gleiche gilt für die Kompetenzen des gesamten Teams, die sich ebenfalls in teambezogenen, selbstorganisierten Prozessen entwickeln.

Es werden dafür agile, netzwerkähnliche Teamstrukturen und differenzierte Prozesse des gemeinsamen Werte- und Kompetenzaufbaus benötigt. Hierbei können die Erfahrungen von Start-up-Unternehmen sehr hilfreich sein. Diese beginnen meist als Netzwerke ohne hierarchische Strukturen.

Die Entwicklung von teambezogenen Werten und Kompetenzen ist ein langfristiger Prozess aller Mitarbeiter einer aktiven Gruppe, die sich auf eine gemeinsames Ziel verpflichtet hat. Sie wird dabei durch vier Bereiche bestimmt, die sich gegenseitig beeinflussen (vgl. Abb. 5.1).

Die mittleren Führungskräfte übernehmen die Rolle als Werte- und Kompetenzmanager ihres jeweiligen Teams. Dabei agieren sie sowohl auf der Teamebene als auch auf der individuellen Ebene als Partner, die personalisierte Entwicklungsprozesse initiieren und begleiten.

Der Aufbau von Teamwerten und -kompetenzen erfordert einen längerfristigen Prozess nach dem Prinzip der „Lernenden Organisation".

Hierbei gelten folgende Prinzipien (vgl. Abb. 5.2):

© Springer Fachmedien Wiesbaden GmbH, ein Teil von Springer Nature 2020
J. Erpenbeck und W. Sauter, *Werteerfassung und Wertemanagement,* essentials,
https://doi.org/10.1007/978-3-658-30196-5_5

Abb. 5.1 Aspekte der teambezogenen Werteentwicklung. (Angelehnt an: Erpenbeck J., Sauter W. 2018, S. 153; mit freundlicher Genehmigung von © Springer-Verlag GmbH Deutschland 2018. All Rights Reserved)

- *Jede Führungskraft ist teambezogener Werte- und Kompetenzmanager.* Damit kommt der mittleren Führungsebene eine zentrale Bedeutung als Initiator und Begleiter von Prozessen des Werteaufbaus von Teams zu.

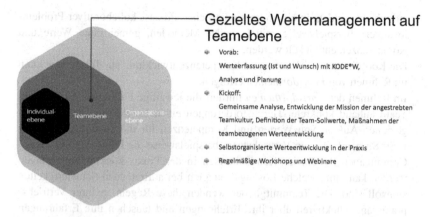

Abb. 5.2 Gezieltes Wertemanagement auf Teamebene

- Die Führungskräfte müssen in ihrem Team von Kollegen den Aufbau von Teamwerten und –kompetenzen, z. B. im *„Doppel-Decker-Prinzip"*, erfahren, um ihre Rolle als Veränderungsmanager ihres eigenen Teams mit Überzeugung und Empathie zu erfüllen. Dabei erfahren sie diesen Prozess aus Sicht eines Teammitglieds, um auf dieser Basis ihre individuelle Konzeption zur Initiierung und Begleitung von Teamentwicklungsprozessen mit dem Ziel des Werteaufbaus im eigenen Team zu gestalten.
- Der Teamentwicklungsprozess wird vom werte- und Kompetenzmanagement-Team methodisch begleitet.
- Auf Basis der Erfassung der *Ist-Werte* und der *Wunsch-Werte der Teammitglieder für das Team* wird in einem moderierten Prozess ein *Soll-Profil der Teamwerte* entwickelt. Aus dem Abgleich der Soll- und der Ist-Werte leitet das Team seine *Werte-Entwicklungsziele* ab.
- Werden die Teamkompetenzen mittels einer KODE®-Messung erfasst, ist es möglich, transparent zu machen, welche Werte vor allem als Antrieb des Teamhandels wirken. Das Team kann daraus wiederum Teamentwicklungs-Ziele definieren sowie entsprechende Entwicklungsmaßnahmen planen und umsetzen.
- Das Team entwickelt im Rahmen der Mission des organisationsweiten Werte- und Kulturmanagements gemeinsam eine *Mission* seiner zukünftigen Teamarbeit und leitet daraus die notwendigen Instrumente für den kontinuierlichen Aufbau von Teamwerten – und kompetenzen ab. Hierbei ist das Ziel, eine *agile Entwicklungskultur* sowie ein *Werte- und Kompetenz-Netzwerk* im Team

aufzubauen, indem in einem kontinuierlichen Prozess kollaborativer Problemlösungen, beispielsweise mittels agiler Methoden, gemeinsame Werte und Kompetenzen entwickelt werden.

- Die Koordination der Werte- und Kompetenzentwicklung auf Teamebene kann im Rahmen von *Korridorthemen* erfolgen.

Im Rahmen der *Korridorthemen* initiiert die jeweilige Führungskraft in ihrem Team anhand konkreter Herausforderungen einen Entwicklungsprozess zum gezielten Aufbau von Werten und Kompetenzen für die zukünftige Arbeitswelt. So bearbeitet ein Vertriebsteam beispielsweise die Frage, wie mit neuen Complicance Regeln im Kundenbereich in der Praxis konkret umgegangen werden kann und welche Lösungsstrategien bei auftretenden Schwierigkeiten sinnvoll sind. Die Teammitglieder wenden diese Regeln in ihrer Vertriebspraxis an, reflektieren über ihre Erfahrungen und tauschen ihre Erfahrungen im Team aus. In diesem dynamischen Prozess werden die Teamwerte insgesamt kontinuierlich weiter entwickelt.

Werteentwicklung auf individueller Ebene

*Wertentwicklung auf individueller Ebene
erfolgt selbstorganisiert im Prozess der
Kompetenzentwicklung*

Erpenbeck und Sauter 2018

Die Werte- und Kompetenzforschung zeigt, dass der ausgelöste emotionale Spannungszustand, die „emotionale Labilisierung", das Erleben und Bewältigen von Zweifeln, Widersprüchlichkeiten oder Verwirrung (Dissonanzen), die entscheidende Voraussetzung jeder Verinnerlichung (Interiorisation) von Werten und damit des Aufbaus von Kompetenzen ist: Je größer das emotionale Gewicht, desto tiefer werden die zur Auflösung der Dissonanz führenden Werte später im „Grund der Seele" verankert. Diese bestimmen wiederum die Handlungen in vergleichbar herausfordernden Situationen.

Deshalb ist Werte- und Kompetenzentwicklung in Seminaren nicht möglich.

Werte- und Kompetenzentwicklung kann aber auf drei Stufen selbstorganisiert ermöglicht werden (vgl. Sauter et al. 2018):

Werte- und Kompetenzentwicklung auf der Praxisstufe

Bei der *Praxisstufe* handelt es sich immer um ein Handlungslernen im Arbeitsprozess oder auch im sozialen Umfeld, etwa bei der Lösung von Konfliktsituationen. Für die Kompetenzentwicklung auf der Praxisstufe sind vor allem folgende Lernformen typisch:

© Springer Fachmedien Wiesbaden GmbH, ein Teil von Springer Nature 2020
J. Erpenbeck und W. Sauter, *Werteerfassung und Wertemanagement*, essentials,
https://doi.org/10.1007/978-3-658-30196-5_6

- *Erfahrungslernen: Die* Basis jeglicher Werte- und Kompetenzentwicklung, auch im Netz. Werte werden stets erfahren, nicht „bloß gelernt". Erfahrungen werden stets bewertet, sind nicht bloße Erweiterungen von Sachwissen. Erfahrung bezeichnet dabei Wissen, das durch Menschen in ihrem eigenen materiellen oder ideellen Handeln selbst gewonnen wurde und unmittelbar auf einzelne emotional-motivational bewertete Erlebnisse dieser Menschen zurückgeht. Damit erfasst Erfahrung auch das Vertraut sein mit Handlungs- und Denkzusammenhängen ohne Rückgriff auf ein davon unabhängiges theoretisches Wissen. Nur die Wissens- und Kenntnisanteile von Erfahrungen lassen sich weitergeben, nicht die Erfahrungen desjenigen, der sie gewann.

- *Erlebnislernen:* Diese Grundlage ist für den Erfahrungsgewinn unverzichtbar. Gerade Erlebnisse liefern die Momente der emotionalen „Labilisierungen", unter denen nicht nur Sachwissen gelernt, sondern Emotionen angeregt, Motivationen ausgeprägt und Wertehaltungen entwickelt werden. Auch beim Erlebnislernen wird nicht Wissen im engeren Sinne vermittelt, sondern es werden Labilisierungssituationen, d. h. das Erleben und Bewältigen von Dissonanzen, so unumgänglich gemacht, dass beabsichtigte Wertehaltungen emotional-motivational verankert und so handlungswirksam werden. Es handelt sich immer um situiertes Lernen anhand möglichst authentischer Problemsituationen und Entwicklungsaufgaben.

- *Subjektivierendes Handeln:* Baut auf den Erfahrungen und Erlebnissen einzelner Menschen auf und spielt in realen beruflichen Tätigkeiten und damit letztendlich auch für die Wissens- und vor allem Werteentwicklung eine stark zunehmende Rolle.

- *Expertiselernen:* Das Resultat der besprochenen Lernformen. Expertise ist das, was Könner zu Könnern macht. Einziger Indikator für ihre Könnerschaft ist ihre Leistung beim Ausüben einer Tätigkeit. Untersucht man die tieferliegenden Gründe für die Könnerschaft, wird schnell deutlich, dass Könner wirkungsvollere Wissensanteile und tiefergreifende Emotionen als andere besitzen, vor allem sind sie zu einer – stets wertenden – Bedeutsamkeitserfassung von Problemen und Handlungszielen fähig.

Werte- und Kompetenzentwicklung auf der Coachingsstufe

▶   Die Coachingsstufe ergänzt die Praxisstufe der Werte- und Kompetenzentwicklung.

Der Begriff Coaching hat ebenso viele Spielarten wie der Kompetenzbegriff (vgl. Migge 2005; Radatz 2006; Braun et al. 2004).

▶   *Wir verstehen unter Coaching die Beratung und Begleitung einer Person (Coachee, Gecoachter) oder mehrerer Personen durch eine oder mehrere andere (den Coach, die Coaches), die den Gecoachten bei der Ausübung von komplexen Handlungen befähigen, optimale Ergebnisse selbstorganisiert hervorzubringen.*

Damit greifen wir den Ansatz des *Peer-to-Peer Working* und *Peer-to-Peer Learning* auf, die auf kollaborativen Arbeits- und Lernprozessen basieren. Das heißt nichts anderes, als zu ermöglichen, Selbstorganisationsfähigkeiten des Handelns, also Werte und Kompetenzen zu entwickeln.

Folgerichtig stärkt Coaching in beruflichen Entwicklungsprozessen die Fähigkeit der Mitarbeiter zur Selbstorganisation im Sinne einer „Hilfe zur Selbsthilfe". Es handelt sich überwiegend um arbeitsbezogene Selbstreflexion. Sie kann von Person zu Person, aber auch im Netz erfolgen.

Coaching ist in der Regel nicht inhaltsorientiert *(was wird gelernt?)* sondern prozessorientiert *(wie wird gelernt?);* es geht nicht davon aus, dass Lernen, insbesondere Werte- und Kompetenzentwicklung durch einen Experten gesteuert werden muss, sondern dass es durch die Fragen, Ziele und Werte des Lerners selbst vorangetrieben wird; der Lernprozess wird nicht primär vom Wissen, sondern von Wertung und Handlung angetrieben.

Coaching setzt die Ziele von Aktivität und Engagement in der Regel nicht selbst, sondern nutzt die im beruflichen oder auch persönlichen Alltag vorkommenden, um entsprechende Kompetenzen zu entwickeln und Handlungsfähigkeiten und Lernoutcomes der Coachees zu erhöhen. Hier liegt ein entscheidender Unterschied zum Training, das Ziele und Aufgaben vorgibt, um eine beabsichtigte Werte- und Kompetenzentwicklung zu erreichen.

Coaching erfolgt auf freiwilliger Basis, als zielgerichtetes, gemeinsam abgestimmtes Vorgehen zwischen Coach und Gecoachten und ist gekennzeichnet durch Akzeptanz, Vertrauen und Kooperation auf beiden Seiten. Coaching erfolgt in miteinander verknüpften Phasen (Claushues 2002, S. 1–2):

- *Kontraktphase,*
- *Diagnosephase,*
- *Reflexions- und Auswertungsphase,*
- *Phase der Gewinnung von Handlungsalternativen,*

Diese Phasen ähneln deutlich denen des Interiorisationsprozesses, was die Nähe zur Werte- und Kompetenzentwicklung unterstreicht. Der Lernbegleiter wird mehr und mehr zum Werte- und Kompetenzcoach, und wächst über die Rolle des traditionellen Lehrers oder Ausbilders hinaus (vgl. Bauer et al. 2006).

Die Begleitung von Werte- und Kompetenzentwicklungsprozessen durch Lernbegleiter erfolgt in mehreren Schritten, die teilweise oder ganz im Netz erfolgen können (Bauer et al. 2006, S. 69):

- Für die Transfer- und Praxisaufgaben Werte- und Kompetenzentwicklungsziele klären und den individuellen Entwicklungsbedarf gemeinsam festlegen
- Mögliche Wege der Werte- und Kompetenzentwicklung im Rahmen der Transfer- und Praxisaufgaben gemeinsam bewerten und auswählen,
- Entwicklungsgespräche mit der jeweiligen Führungskraft initiieren und evtl. unterstützen
- Herausforderungen im Arbeitsprozess oder in Praxisprojekten, in denen die angestrebten Werte und Kompetenzen aufgebaut werden können, als Transfer- oder Praxisaufgaben gemeinsam identifizieren
- Die personalisierte Werte- und Kompetenzentwicklung im Rahmen der Transfer- und Praxisaufgaben gemeinsam planen und umsetzen
- Den Werte- und Kompetenzentwicklungs-Prozess beobachten und unterstützen
- Über Lernklippen helfen
- Rückmeldung geben und Auswertungsgespräche führen.
- Den Werte- und Kompetenzentwicklungsprozess und seine Ergebnisse dokumentieren, evaluieren und Erfahrungen bekannt machen.

Werte- und Kompetenzentwicklung auf der Trainingsstufe

Die Trainingsstufe kann an die vorgenannten Lernformen anknüpfen. Kompetenztraining unterscheidet sich dabei grundlegend von den Trainingsformen im Rahmen formeller Lernprozesse. Trainings mit Fallstudien oder Rollenspiele können niemals die emotionalen Herausforderungen, der z. B. ein Kundenberater in schwierigen Beratungsgesprächen ausgesetzt ist, widerspiegeln. Wir betrachten deshalb Kompetenztrainings als eine besondere Art von beabsichtigter Kompetenzentwicklung, die auf die Praxis, auf die Wirklichkeit setzt.

▶   *Voraussetzung der Kompetenzentwicklung auf der Trainingsstufe ist, dass die Lerner reale Herausforderungen, z. B. „echte" Beratungen in Praxisprojekten oder in Praxisanwendungen, zu bewältigen haben und dabei von einem Lernpartner oder dem Lernbegleiter unterstützt werden.*

Gezielte Werteentwicklung auf individueller Ebene

Selbstorganisierte Werte- und Kompetenzentwicklung ist nur ermöglichungsdidaktisch realisierbar, braucht also einen passenden *Ermöglichungsrahmen,*

- welcher der *Individualität* und *Eigenverantwortung der Mitarbeiter* Rechnung trägt, indem er ihnen ermöglicht, ihre personalisierten Ermittlungsprozesse selbstorganisiert zu planen und umzusetzen,
- der dem demografischen Wandel und der damit einhergehenden *Heterogenität der Mitarbeiter* gerecht wird, indem vorhandene Lehr- und Lernkonzepte, Lernmaterialien, aber auch die Rolle der Lehrenden vom Lernenden her neu gedacht werden,
- welcher der *Unterschiedlichkeit der Lebens- und Arbeitswelten* und der Vielfalt interkultureller Herausforderungen gerecht wird, indem Werte- und Kompetenzentwicklung dort stattfindet, wo reale Herausforderungen zu bewältigen sind, diese aufgreift und damit die Kommunikation und das kollaborative Arbeiten und Lernen zwischen Menschen fördert,
- der den *technologischen Wandel* aktiv aufgreift, indem die Lernwelt als Spiegelbild der zunehmend digitalisierten Arbeitswelt mit dem Ziel der effizienten Werte- und Kompetenzentwicklung gestaltet wird (vgl. Sauter et. al. 2018).

Der emotional-motivationale Prozess der Interiorisation von Werten und die Entwicklung von Kompetenzen erfordern Entwicklungsarrangements, die Erfahrungslernen systematisch ermöglichen. Hierfür kommen insbesondere Entwicklungsarrangements im Prozess der Arbeit oder in Praxisprojekten infrage, bei denen auf Basis einer Werte- und Kompetenzmessung individuelle Entwicklungsziele formuliert werden (vgl. Abb. 6.1).

Dieses Social Blended Learning ist ein werte- und kompetenzorientiertes Blended Learning in Verbindung mit einem herausfordernden Praxisprojekt oder einer anspruchsvollen Praxisaufgabe unter Einbindung von Social Software, die informelle, selbstorganisierte und vernetzte Entwicklungsprozesse ermöglicht. Die Teilnehmer organisieren ihren Werte- und Kompetenzerwerb

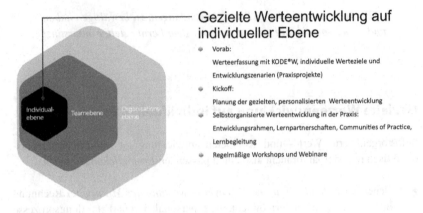

Abb. 6.1   Gezielte Werteentwicklung auf individueller Ebene

im Rahmen einer Praxisaufgabe selbst, von der Zieldefinition über die Planung bis zum Projektabschluss oder Arbeitsergebnis und zur Erfolgskontrolle. Unterstützung erhalten sie sowohl von ihren Lernpartnern (Co-Coaching) wie einem Lernbegleiter (Coach) und ihrer Führungskraft (Mentor). Sind die Mitarbeiter gewohnt, diesen Ermöglichungsrahmen zur Lösungen ihrer Herausforderungen im Lernprozess zu nutzen, werden Sie nach und nach dazu übergehen, diese Lerninfrastruktur auch bei akuten Herausforderungen in der Praxis zu nutzen, es entwickelt sich ein *Social Workplace Learning*.

Social Workplace Learning findet im Rahmen des Corporate Learning selbstorganisiert im Prozess der Arbeit und im Netz statt, wenn herausfordernde Problemstellungen zu bearbeiten sind. Werte- und Kompetenzentwicklung erfolgen nicht mehr dann, wenn eine Bildungsmaßnahme angeboten wird, sondern dann, wenn eine Herausforderung zu bewältigen ist. Damit wachsen Arbeiten und Lernen, Beruf und berufliche Bildung zusammen.

Praxisbericht 7

Der hier dargestellte, auf den ersten Blick vielleicht etwas kompliziert wirkende Gesamtprozess, hat sich inzwischen bei einigen mittleren Unternehmen bewährt. Diese Vorgehensweise hat die Gestaltung der jeweiligen Unternehmenskultur nachhaltig beeinflusst, was sich wiederum positiv auf die wirtschaftlichen Ergebnisse auswirken wird.

Wir haben dabei die Erfahrung gemacht, dass die Werteerfassung und das gezielte Wertemanagement in Unternehmen einen ganzheitlichen Ansatz erfordert, der auf drei Ebenen – Organisation, Teams und Mitarbeiter – miteinander verknüpft erfolgt. Dabei hat es sich als sinnvoll erwiesen, zunächst auf der Organisationsebene, und damit auf der organisationalen Kulturebene, zu starten, um das Feld für die teambezogene und mitarbeiterorientierte Werteentwicklung zu bereiten.

Am Beispiel eines mittelständischen Unternehmens mit etwas über 1000 Mitarbeitern beschreiben wir im Folgenden diesen Veränderungsprozess. Die Vorgehensweise zur Konzipierung und Umsetzung eines gezielten Wertemanagements auf allen Ebenen der Organisation wird dabei nach dem in Abb. 7.1 dargestellten Schema gestaltet.

Roman Sauter berät Unternehmen bei der Konzipierung und Umsetzung von Werteerfassungen mit KODE®W und bei der Konzipierung, Umsetzung und Implementierung von Werte- und Kulturmanagement-Systemen. Seit 2016 leitet er das Entwicklungsprojekt für die Werterfassung mit KODE®W mit Prof. Dr. John Erpenbeck und Prof. Dr. Werner Sauter. Er ist Mitautor eines Fachbuches zur agilen Werte- und Kompetenzentwicklung (Sauter, Sauter, Wolfig, 2018).

© Springer Fachmedien Wiesbaden GmbH, ein Teil von Springer Nature 2020
J. Erpenbeck und W. Sauter, *Werteerfassung und Wertemanagement,* essentials,
https://doi.org/10.1007/978-3-658-30196-5_7

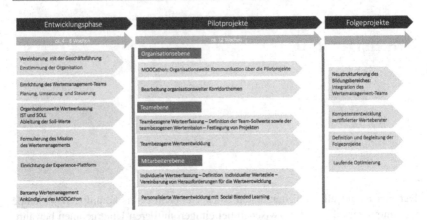

Abb. 7.1 Struktur des Prozesses zur Konzipierung, Umsetzung und Implementierung des gezielten Wertemanagements auf allen Organisationsebenen

Vereinbarung mit der Geschäftsführung

In ersten Abstimmungs-Workshops der Personalentwicklung mit der Geschäftsführung wird der Ansatz der Werteerfassung und des gezielten Wertemanagements erörtert und die Vorgehensweise gemeinsam festgelegt. Insbesondere wird die Rolle der oberen Führung in diesem Veränderungsprozess definiert. Hierbei steht vor allem der Aspekt der symbolischen Führung im Vordergrund. Der Sprecher der Geschäftsführung veröffentlicht deshalb einen regelmäßigen Blog, in dem er aktuelle Aspekte der Wertediskussion aufgreift. Die gesamte Geschäftsführung bringt sich auch aktiv in die Maßnahmen der Wertekommunikation ein. Weiterhin wird ein Wettbewerb ausgerufen, um die Bürolandschaft so zu verändern, dass die Kommunikation und Kollaboration der Mitarbeiter und Führungskräfte gefördert wird.

Wertemanagement-Team

Es wird weiterhin vereinbart, dass ein Wertemanagement-Team eingerichtet wird, das in der Pilotphase nach agilen Prinzipien den Prozess des Wertemanagements gestaltet, anregt und steuert. Dieses Team aus Personal- und Organisationsentwicklern, aber auch erfahrenen Fach- und Führungskräften, initiiert die Definition der angestrebten Soll-Werte sowie der Werte-Mission und stößt eine organisationsweite Kommunikation über die Werteziele und die Wege zu deren Umsetzung an. Es entwickelt die Konzeption des Ermöglichungsrahmens für den Werteaufbau und realisiert ihn. Eine wichtige Rolle spielt die Begleitung des oberen Managements, vor allem im Bereich der symbolischen Führung. Eine zentrale Aufgabe besteht zudem darin, den Prozess zur Definition von Pilotprojekten zu ausgewählten Korridorthemen (Schwerpunktthemen) auf der Organisationsebene mit dem Ziel zu ermöglichen, die Werte schrittweise, gezielt aufzubauen.

Flankierend ermöglichte das Wertemanagement-Team die Kompetenzentwicklung der mittleren Führungskräfte als Werteberater sowie der Prozessbegleiter auf der Ebene der individuellen und teambezogenen Werteentwicklung (Learning Professionals).

Organisationsweite Werteerfassung und Ableitung der Sollwerte

Mit einem Team aus Fach- und Führungskräften sowie den Wertemanagern werden in einem ersten Schritt das Wertemodell, aber auch die Wertebeispiele, den Rahmenbedingungen, der Kultur und der Sprache der Unternehmung angepasst.

Beispiel einer angepassten Werteformulierung mit vier organisationsspezifischen Beispielen:
Ideale: Es ist der Unternehmung wichtig, dass gemeinsamen Idealen gefolgt wird,

insbesondere, dass

- die zielführene Zusammenarbeit der Mitarbeiter gelebt wird;
- die gemeinsamen Werte der Unternehmung die Leitschnur des Handelns bilden;
- Diskussionen wertschätzend und offen geführt werden;
- in Gemeinschaften alle gleich, aber ohne Gleichmacherei behandelt werden.

Weiterhin definiert das Team, welche Auswertungsoptionen, z. B. Vergleiche verschiedener Mitarbeitergruppen, genutzt werden sollen.

Die Mitarbeiter schätzen dann auf dieser Basis organisationsweit die Ist- und ihre Wunschwerte für die gesamte Organisation ein. Dabei ergibt sich das in Abb. 7.2 dargestellte Bild im Vergleich der Ist- und Wunschwerte der Mitarbeiter für die Organisation.

Als Basis für die Analyse und Bewertung der Ergebnisse werden durch das System vielfältige Vergleiche generiert, u. a. zu

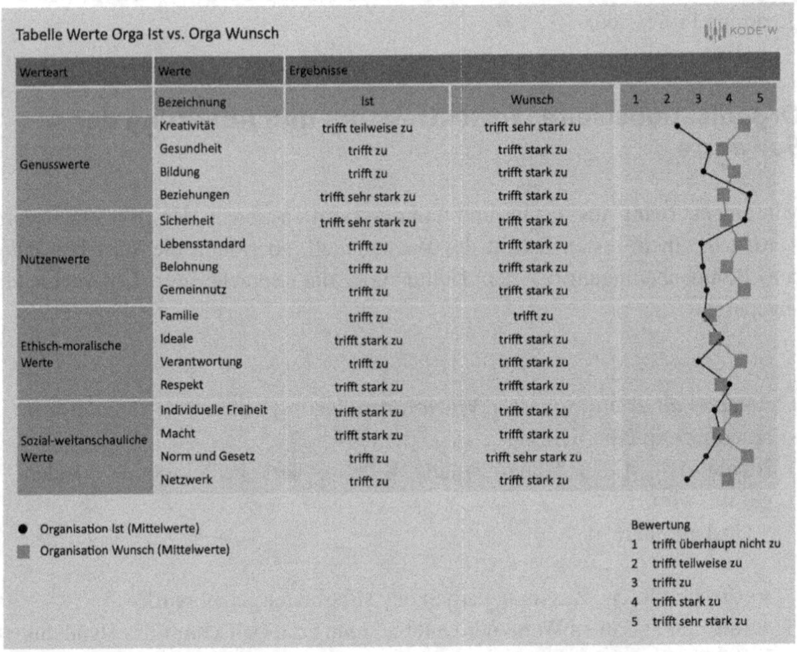

Tabelle Werte Orga Ist vs. Orga Wunsch   KODE'W

Werteart	Werte		Ergebnisse
	Bezeichnung	Ist	Wunsch
Genusswerte	Kreativität	trifft teilweise zu	trifft sehr stark zu
	Gesundheit	trifft zu	trifft stark zu
	Bildung	trifft zu	trifft stark zu
	Beziehungen	trifft sehr stark zu	trifft stark zu
Nutzenwerte	Sicherheit	trifft sehr stark zu	trifft stark zu
	Lebensstandard	trifft zu	trifft stark zu
	Belohnung	trifft zu	trifft stark zu
	Gemeinnutz	trifft zu	trifft stark zu
Ethisch-moralische Werte	Familie	trifft zu	trifft zu
	Ideale	trifft stark zu	trifft stark zu
	Verantwortung	trifft zu	trifft stark zu
	Respekt	trifft stark zu	trifft stark zu
Sozial-weltanschauliche Werte	Individuelle Freiheit	trifft stark zu	trifft stark zu
	Macht	trifft stark zu	trifft stark zu
	Norm und Gesetz	trifft zu	trifft sehr stark zu
	Netzwerk	trifft zu	trifft stark zu

● Organisation Ist (Mittelwerte)
■ Organisation Wunsch (Mittelwerte)

Bewertung
1 trifft überhaupt nicht zu
2 trifft teilweise zu
3 trifft zu
4 trifft stark zu
5 trifft sehr stark zu

Abb. 7.2 Einschätzung der organisationalen Werte. (Quelle: Kode GmbH)

- Mitarbeitern in verschiedenen Niederlassungen bzw. Ländern und in der Zentrale
- Frauen und Männern
- jungen, mittleren und älteren Mitarbeitern
- Führungskräften und Mitarbeitern
- Mitarbeitergruppen mit unterschiedlichen Aufgaben, z. B. Verwaltung, Forschung, Vertrieb, Produktion oder Versand

Mit dem Wertemanagementteam werden diese Ergebnisse und die Konsequenzen aus den Unterschieden gründlich analysiert. Daraus werden in einem intensiven Diskussionsprozess die Soll-Werte abgeleitet, die zukünftig die Leitschnur für das Wertemanagement auf allen Ebenen der Unternehmung bilden. In einem intensiven Diskussionsprozess legt das Team die **drei zentralen Werte der Organisation** fest, die nach einem Abstimmungsgespräch mit der Geschäftsführung als primäre Ziele des organisationsweiten Wertemanagements, aber auch im internen und externen Marketing, kommuniziert werden.

Formulierung der Mission des Wertemanagements

Das gleiche Team übernimmt nunmehr die Aufgabe, als verbindliche Leitlinie des Wertemanagements dessen Mission zu formulieren. Hierbei werden insbesondere folgende Aspekte bearbeitet:

- Welche Bedeutung haben Werte für den strategischen Erfolg der Unternehmung?
- Welche Ziele verfolgt das Wertemanagement?
- Welche zentralen Werte prägen die Kultur und damit das Bild der Unternehmung?
- Von welchem Menschenbild ihrer Mitarbeiter, Kunden und Partner geht die Unternehmung aus?
- Welche Prinzipien kennzeichnen das Wertemanagement?
- Welche Rahmenbedingungen des Wertemanagements sollen sichergestellt werden?
- Nach welchen Prinzipien werden die Entwicklungsprozesse unserer Mitarbeiter und Teams gestaltet?
- Was unternimmt das Unternehmen konkret, um die angestrebten Werte zu erreichen?

- Welche Rolle übernehmen die Mitarbeiter, die Führungskräfte, das obere Management sowie das Wertemanagement-Team?
- Wie messen wir den Erfolg?

Dieser Entwurf wird anschließend im Rahmen der organisationsweiten Kommunikation zur Diskussion gestellt und im abschließenden Workshop formuliert.

Erste Pilotprojekte

In zwei ausgewählten Organisationsbereichen werden, in enger Abstimmung mit den jeweiligen Vorgesetzten, die sich dafür beworben hatten, die ersten vier Pilotprojekte mit einer Laufzeit von jeweils drei Monaten durchgeführt.

Dazu gehört ein **Pilotprojekt mit den einzelnen Führungskräften**, in dem diese selbst als Lerner die gezielte Werteentwicklung im Rahmen eines Projektes zur werteorientierten Führung im eigenen Verantwortungsbereich erfahren. Nach diesem „Doppeldecker-Prinzip" erleben die Führungskräfte dabei die Lernkonzeption als Teilnehmer, um gleichzeitig ihre Erfahrungen auf die Gestaltung ihrer eigenen Konzeption des Wertemanagements in ihrem eigenen Führungsbereich anzuwenden. Das **Team dieser Führungskräfte** erfährt gleichzeitig die Werteerfassung und die gezielte Werteentwicklung in ihrem Führungsteam. Diese erfolgt, indem diese Gruppe auf Basis der Ist- und Wunschwerte eine Konzeption der gezielten Werteentwicklung ihres Teams entwickelt und umsetzt. Die Erfahrungen, die die Führungskräfte dabei sammeln, können sie anschließend als Wertemanager ihres eigenen Teams verwerten.

Ein weiteres Pilotprojekt wird mit **Vertriebsmitarbeitern** durchgeführt, die jeweils für ihren persönlichen Aufgabenbereich eine Lösung für die Umsetzung der neuen, deutlich strengeren Compliance-Richtlinien erarbeiten. Auch hier entwickelt und realisiert das **Vertriebsteam** zusätzlich auf Basis der Ist- und Wunschwerte ihre Konzeption der gezielten Werteentwicklung ihres Teams.

Die Teilergebnisse aus diesen Projekten bilden wiederum die Grundlage für eine organisationsweite Aufarbeitung im Rahmen des Kommunikationskonzeptes.

Kommunikationskonzept

Die zentrale Rolle in der Einstimmungsphase übernimmt die Geschäftsführung, die insbesondere über die Möglichkeiten der symbolischen Führung die gesamte Organisation auf den kommenden Veränderungsprozess einstimmt.

In einem organisationsweiten Kommunikationsprozess über die Ziele und Maßnahmen des Werte- und Kulturmanagements wird es allen Mitarbeitern und Führungskräften ermöglicht, sich aktiv in den Veränderungsprozess einzubringen. Das Wertemanagement-Team schafft die notwendigen Voraussetzungen dafür durch die Einrichtung einer unternehmensweiten Learning Experience Plattform. Zu dieser Plattform können insbesondere ein persönlicher Blog der oberen Geschäftsführung, Themenforen zu den einzelnen Teilprojekten, die im Rahmen des Wertemanagements umgesetzt werden, ein Wertemanagement-Wiki, das alle wesentlichen Aspekte des Wertemanagement umfasst und durch Beiträge aller Beteiligten laufend weiter entwickelt wird sowie diverse Videos, PDF oder Lernprogramme gehören. Zudem dient diese Plattform als Basis für die organisationsweite Kommunikation zum Werte- und Kulturmanagement.

Barcamp

Vorab wird allen Mitarbeitern und Führungskräften die Gelegenheit gegeben, in einem eintägigen **Barcamp** ihre eigenen Gedanken, Ideen und Fragen, aber auch Erwartungen und Befürchtungen, zu diskutieren. Deshalb kann dort jeder Mitarbeiter Themenvorschläge zum Wertemanagement einbringen. Alle Sessions werden von den jeweils vorschlagenden Mitarbeitern („Teilgeber") morgens im Plenum in drei Sätzen persönlich vorgestellt. So füllt sich die Agenda in jeder Session-Runde mit jeweils fünf 45-Minuten-Sessions parallel. Nach einer Pause von 15 min gehen die „Teilgeber" jeweils in die nächste Runde der Sessions.

Zum Schluss des Barcamps werden die Mitarbeiter über die Zielsetzung und den Ablauf der organisationsweiten Kommunikation im Intranet informiert. Alle Ergebnisse des Barcamps werden auf der Lernplattform dokumentiert und fließen in den MOOCathon mit ein.

cMOOC – connective MOOC

Eine zentrale Rolle im Wertemanagement spielt der **connective MOOC** zum Wertemanagement in Verbindung mit einem zweitägigen **Workshop**. In diesem cMOOC, mit dem das Projekt des gezielten Wertemanagements in der Pilotphase gestartet wird, werden Konzepte, Vorschläge, Instrumente und Informationen zur Diskussion gestellt, die die Mitarbeiter benötigen, um das angestrebte Wertemanagement- System der Unternehmung zu verstehen, zu bewerten, zu kommentieren und für sich selbst bzw. im Team umzusetzen. Auf Basis der jeweiligen Teilergebnisse aus den Pilotprojekten reflektieren die Teilnehmer ihre eigene Werteentwicklung und die ihres Teams. Dieses Konzept wird durch folgende Eckpunkte gekennzeichnet:

- **Themenpaten:** Die Teams oder Führungskräfte bzw. Mitarbeiter aus den Pilotprojekten stellen in ihren jeweiligen Themenwochen ihre Lösungen und Erfahrungen zur Diskussion. Ein Teammitglied bündelt die wichtigsten Aussagen in den Themenbeiträgen in seinem täglichen Blog zu der Themenwoche.
- **Offenheit:** Alle Mitarbeiter können Diskussionsbeiträge und Erfahrungsberichte einbringen.
- **Reflexionen:** Die Teilnehmer reflektieren regelmäßig über die Konsequenzen von Vorschlägen auf ihren jeweiligen Handlungsbereich.
- **Community-Bildung:** Über Visitenkarten können die Teilnehmer Diskussionspartner und Communities finden, die sich frei bilden.
- **Community Management:** Die Werteberater geben Orientierung und Struktur, steuern die Prozesse, coachen die Teilnehmer und halten die wichtigsten Ergebnisse in ihrem täglichen Blog festhalten.
- **Ideen- und Wissensmanagement:** Ideen und Erfahrungen werden gemeinsam weiterentwickelt und dokumentiert.
- **Online Umfragen** können die Meinungen und Eindrücke der Teilnehmer erfassen.
- **Visualisierung:** Komplexe Sachverhalte werden grafisch verdeutlicht
- **Termine,** z. B. „Meilensteine" für bestimmte Fragestellungen, werden veröffentlicht.
- **Informationen und Nachrichten:** Das Wertemanagement kuratiert in Zusammenarbeit mit den jeweiligen Paten die relevanten Inhalte.

Daraus leitet sich der in Abb. 7.3 dargestellte Ablauf des Kommunikationsprozesses ab.

Der cMOOC Wertemanagement startet mit einer **Einstimmung** der gesamten Organisation auf den kommenden Prozess:

- **Blog des Managements** zur Einstimmung und Begleitung
- **Video:** Grundlegende Erläuterungen des Wertemanagement- Teams zu diesem Veränderungsprozess: Notwendigkeit, Ziele, Struktur, Prozesse...
- **Reflexionen:** Erhebung von Erwartungen, Befürchtungen, Meinungen, Stimmungen und Ideen
- **WBT/Videos und Podcasts:** Erläuterung des cMOOC und seiner Bedeutung im Rahmen des Veränderungsprozesses
- **Information im Intranet:** Ablauf des cMOOC

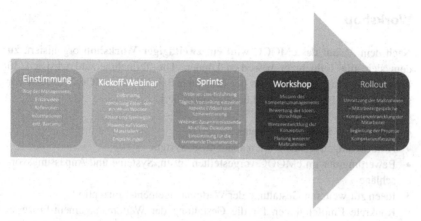

Abb. 7.3 Kommunikationsprozess im Intranet

Am Freitag vor dem **Start des MOOCathon** führt das Wertemanagement-Team in dieses Kommunikationsformat ein. Es stellt die Konzeption des cMOOC und des anschließenden Workshops vor und erläutert den Ablauf, die Rollen sowie die Begleitung. Weiterhin werden die Videos, Podcasts und Whitepapers gezeigt, in denen die Teilnehmer Ergebnisse der Bedarfserhebung zu den einzelnen Aspekten der innovativen Entwicklungskonzeption finden. Die Teilnehmer erhalten **Empfehlungen** für den gezielten Umgang mit den Materialien und den Tools. Außerdem werden „Spielregeln" vereinbart.

Jede Themenwoche startet Montagfrüh um 10.00 Uhr mit einem **Webinar der jeweiligen Themenpaten.** In diesem Wochenstart werden die Teilnehmer begrüßt und mit der Zielsetzung der Themenwoche vertraut gemacht. Die jeweiligen Paten stellen sich vor und führen in die jeweiligen Projektthemen ein.

In den einzelnen **Themenwochen** wird täglich eines der fünf Teilthemen aus dem jeweiligen Wertemanagement-Projekt kurz in einem Video, ergänzt um ein Whitepaper, zur Diskussion gestellt. Über Leitfragen wird die Diskussion der Teilnehmer angestoßen. Diese können die Thesen, Vorschläge oder Ideen kommentieren und erweitern. Der jeweilige Pate fasst abends die wesentlichen Beiträge in seinem Blog zusammen. Freitags werden in einem Webinar live die wesentlichen Aspekte der Woche mit den Teilnehmern diskutiert. Alle Beiträge und Ergebnisse werden auf der Plattform dokumentiert. Die Webinare können auch im Nachhinein aufgerufen werden.

Workshop

Nach dem Ablauf des cMOOC wird ein **zweitägiger Workshop** organisiert, zu
dem sich alle Teilnehmer bewerben können. Die Teilnehmerzahl wird auf 30
Personen beschränkt. Auf Basis der gesamten Beiträge im cMOOC werden vor
allem folgende Ergebnisse abschließend formuliert:

* Mission des Wertemanagements
* Anforderungen an das Wertemanagement-System
* Bewertung der im cMOOC vorgestellten Ideen, Systeme und Anpassungsvor-
  schläge
* Ideen zur weiteren Gestaltung der Wertemanagement-Konzeption
* Konkrete Empfehlungen für die Gestaltung der Wertemanagement-Prozesse
  auf allen Ebenen, insbesondere Entwicklung von Korridorthemen
* Planung der Umsetzung
* Verbindliche Vereinbarungen für die weiteren Schritte

Diese Ergebnisse werden noch im Rahmen des Workshops durch ein Redaktions-
team zu einer Broschüre zusammengefasst, die als PDF allen Mitarbeitern über
die Plattform zur Verfügung gestellt wird.

Rollout

Nach diesem Prozess kann die gemeinsam entwickelte Konzeption
organisationsweit ausgerollt werden. Hierbei wird das Konzept von Korridorthemen auf allen drei Ebenen aufgegriffen.

Dies können wertebeladene Herausforderungen, wie z. B. Compliance,
Retention Management, Interkulturelle Herausforderungen oder werteorientiertes
Onboarding sein.

Die obere Führung startet jeweils die Bearbeitungszyklen der Korridorthemen
mit einem symbolischen Akt, z. B. durch ein Video mit einer klaren Botschaft.
Die Bearbeitungsprozesse werden durch das Wertemanagement-Team gesteuert
und begleitet. Dabei werden alle Führungskräfte mit ihren jeweiligen Bedürfnissen und Problemstellungen mit einbezogen. Jede beteiligte Führungskraft
übernimmt in ihrem Verantwortungsbereich die Rolle des Wertemanagers und
erfährt diesen Werteentwicklungs-Prozess einmal als Teilnehmer sowie aus Sicht
ihrer Führungsrolle. Der Bearbeitungszeitraum umfasst jeweils drei Monate.

Damit wird es möglich, dass die gesamte Organisation, die einzelnen Teams sowie die jeweiligen Mitarbeiter jeweils an ihrer gezielten Werteentwicklung arbeiten, indem sie vereinbarte, herausfordernde Praxisprojekte bearbeiten und Lösungen für ihre Herausforderungen entwickeln.

Die einzelnen **Teams** definieren jeweils unter Moderation ihrer Führungskraft oder des Teamleiters auf Basis ihrer Erfassung der Team-Ist und Team-Wunsch-Werte sowie im Abgleich zu den organisationalen Soll-Werten die angestrebten Team-Sollwerte und formulieren ihre Mission der angestrebten Teamkultur. Dies ermöglicht einen Prozess der gezielten, teambezogenen Werteentwicklung im Rahmen von herausfordernden Teamaufgaben. Daraus entwickeln sich im Regelfall Communities of Practice, die selbstorganisiert Problemlösungen für das Team erarbeiten.

Die gezielte Werteentwicklung auf individueller Ebene wird insbesondere über **Social Blended Learning Arrangements** initiiert, in denen selbstorganisierte Entwicklungsprozesse im Rahmen von herausfordernden Praxisaufgaben oder -projekten, gemeinsam mit Unterstützung eines professionellen Lernbegleiters, geplant und umgesetzt werden. Vorab erfolgt die individuelle Werteerfassung, meist in Verbindung mit einer Kompetenzmessung. Der Lernbegleiter berät den jeweiligen Mitarbeiter bei der Analyse und Bewertung seiner Ergebnisse, sodass er seine individuellen Werte- und Kompetenzziele formulieren kann. Diese bilden wiederum die Basis für ein Entwicklungsgespräch mit der jeweiligen Führungskraft, in dem gemeinsam die Praxisaufgaben oder -projekte festgelegt werden, die der Mitarbeiter zum selbstorganisierten Aufbau seiner Werte und Kompetenzen gezielt nutzen kann. Bei Bedarf berät das Wertemanagement-Team zu weiteren Methoden der gezielten Werteentwicklung, z. B. zu Werte-Coaching und -Mentoring, zu Trainings in realitätsgleichen Herausforderungen oder in ausgewählten Entwicklungsmaßnahmen, z. B. Job-Rotation.

Die individuellen Lernprozesse starten jeweils mit einem Kickoff, in dem die gezielte, personalisierte Werte- und Kompetenzentwicklung gemeinsam mit hoher Verbindlichkeit geplant wird. Diese erfolgt danach bei der Bearbeitung der vereinbarten Herausforderungen in der Praxis. Die Teilnehmer nutzen dabei den Entwicklungsrahmen für die individuelle Entwicklung von Lösungen, tauschen sich darüber mit Lernpartnern und in Lerngruppen (Communities of Practice) aus und holen sich bei Bedarf Unterstützung durch einen Lernbegleiter bzw. Werteberater. Dabei spielen die Kommunikation und die Kollaboration unter Nutzung digitaler Medien eine zentrale Rolle. In regelmäßigen Workshops, meist nach vier Wochen, und in Webinaren, die bei Bedarf eingerichtet werden, reflektieren die Teilnehmer über ihre Lernprozesse, stellen ihre Zwischenergebnisse zur

Diskussion und klären gemeinsam oder mit Experten offene Fragen. Danach wird jeweils die folgende Selbstlernphase verbindlich geplant.

Das Wertemanagement-Team steuert und koordiniert diese selbstorganisierten Prozesse, betreut und optimiert die Experience-Plattform (Ermöglichungsrahmen) und coacht die Führungskräfte sowie die Lernbegleiter. Wir gehen davon aus, dass die Mitarbeiter, wenn sie einige Social Blended Learning Arrangements durchlaufen haben, den Ermöglichungsrahmen und die Methoden des selbstorganisierten, kollaborativen Lernens auch dann nutzen werden, wenn sie akute Herausforderungen am Arbeitsplatz zu bewältigen haben. Es entwickelt sich **Social Workplace Learning.**

Der Prozess des Wertemanagements in der gesamten Unternehmung hat einen andauernden Charakter. Deshalb ist es erforderlich, regelmäßig über die Erfahrungen zu reflektieren und die Konzeption weiter zu entwickeln. Nach einem Jahr sollte deshalb zu den Ergebnissen der jeweiligen Phase ein weiteres Barcamp und ein organisationsweiter Kommunikationsprozess gestaltet werden.

▶   Gezieltes Wertemanagement auf allen Ebenen der Unternehmung ist möglich, sodass die Realisierung der Unternehmensstrategie damit aktiv gefördert werden kann.

Was Sie aus diesem *essential* mitnehmen können

- Erkenntnisse, warum die gezielte Werteentwicklung für den Erfolg von Unternehmen die notwendige Voraussetzung ist.
- Einschätzung der Verfahren zur fundierten Erfassung von Werten.
- Einsicht in die Möglichkeiten, Werteentwicklung auf allen Ebenen – Organisation, Teams und einzelne Mitarbeiter – gezielt zu gestalten.
- Konkrete Anregungen für ein gezieltes Werte- und Kulturmanagement in Unternehmen.
- Vorschläge zur Gestaltung des Implementierungsprozesses für ein organisationsweites Werte- und Kulturmanagement.

© Springer Fachmedien Wiesbaden GmbH, ein Teil von Springer Nature 2020
J. Erpenbeck und W. Sauter, *Werteerfassung und Wertemanagement,* essentials,
https://doi.org/10.1007/978-3-658-30196-5

Glossar

Agilität Fähigkeit, sich kontinuierlich an seine komplexe, turbulente und unsichere Zukunft anzupassen. Dies erfordert die Kompetenz, sich selbst immer weiter zu entwickeln, selbstorganisiert zu handeln, Verantwortung für sein Handeln zu übernehmen, sich konsequent an den Bedürfnissen der Kunden oder Partner zu orientieren, zielstrebig und experimentierfreudig zu handeln und eine ausgeprägte Neugier zu haben. Grundlage agiler Systeme ist das Agile Mindset, das aus den Werten für agiles Handeln besteht.

Barcamp (Unkonferenz, Nicht-Konferenz) Offene Tagung mit frei zugänglichen Workshops, deren Inhalte und Ablauf von den Teilnehmern, die sich zu „Teilgebern" wandeln, zu Beginn selbst entwickelt und im weiteren Verlauf gestaltet werden.

Blended Learning Didaktisch-methodisch sinnvolle Verknüpfung von Präsenzveranstaltungen und Selbstlernphasen, meist mit E-Learning, zu einem formellen Lernarrangement.

Blog (Weblog) Häufig aktualisierte Webseiten, bei denen viele kleine Einträge („Micro-Content") der Lerner – genannt „posts" – einen Zeitstempel erhalten und in einer umgekehrt chronologischen Reihenfolge abgelegt werden. Gut geeignet für → Projekttagebücher.

Coaching Professionelle Beratung und Begleitung einer Person (Coachee, Gecoachter) oder mehrerer Personen durch eine oder mehrere andere, den Coach, die Coaches → Lernbegleitung.

© Springer Fachmedien Wiesbaden GmbH, ein Teil von Springer Nature 2020
J. Erpenbeck und W. Sauter, *Werteerfassung und Wertemanagement,* essentials,
https://doi.org/10.1007/978-3-658-30196-5

Community of Practice Problemorientierte Gemeinschaft im Netz, in der die Teilnehmer selbst die Ziele, Inhalte, Strategien, Methoden und Kontrollmechanismen ihrer Lernprozesse bestimmen.

Curriculum Didaktische Konzeption mit vorgegebenen formellen Lernzielen, Lerninhalten und evtl. methodischen Hinweisen, die für alle Lerner im gleichen Maße gelten.

Design Thinking Agile Kreativitätsmethode, die auf der Basis von iterativen Prozessen die Entwicklung von kreativen, nutzer- und kundenorientierten Lösungen komplexer Probleme ermöglicht.

Didaktik Im weiteren Sinne Theorie und Praxis des Lehrens und Lernens, im engeren Sinne das „Was" des Lernprozesses, d. h. die Bedarfserhebung, die Lernzielformulierung und die Definition der Inhalte.

Dissonanzen Im kognitiven Sinne ein innerer Widerspruch. Erfahrungen und Informationen stehen zur persönlichen Einstellung bzw. zu getroffenen Entscheidungen im Widerspruch.

Entdeckendes Lernen Der Lerner identifiziert Problemstellungen, sucht durch aktives Fragen und systematische Beobachtungen Lösungsansätze und entwickelt auf der Basis des ihm zu Verfügung stehenden Wissens eigene Lösungen.

Erfahrungslernen Erfolgt, indem Menschen selbst handelnd mit echten Entscheidungssituationen konfrontiert werden und dabei unmittelbar eigene Wertehaltungen entwickeln.

Ethisch-moralische Wertungen Handlungsleitende Ordner, die den Menschen Handlungen nahelegen, die das Wohl vieler oder aller Menschen ohne Ansehen der Person zum Handlungsanliegen machen.

Exemplarisches Lernen Wesentliches Prinzip zur Gestaltung von Lernarrangements, in denen die Lerner repräsentative Problemstellungen mit dem Ziel bearbeiten, ihre Problemlösungskompetenz zu entwickeln.

Fähigkeiten Verfestigte Systeme verallgemeinerter psychophysischer Handlungsprozesse.

Fertigkeiten Durch Übung automatisierte Komponenten von Tätigkeiten, meist auf sensumotorischem Gebiet, unter geringer Bewusstseinskontrolle.

Formelles Lernen Erfolgt auf der Basis von vorgegebenen Lernzielen ($\rightarrow$ Curriculum) und Lernzeiten und im Rahmen strukturierter Lernprozesssteuerung durch den Lehrer o. ä ... Am Schluss steht eine Zertifizierung.

Genusswertungen Handlungsleitende Ordner, die Menschen dazu bringen, Handlungen zu bevorzugen, die ihnen – physischen oder geistigen – Genuss verschaffen.

Handeln Zielgerichtetes und bewusstes Agieren.

Informelles Lernen Findet im Alltag, am Arbeitsplatz, im Familienkreis oder in der Freizeit statt. Es ist in Bezug auf Lernziele, Lernzeit oder Lernförderung nicht strukturiert und sieht meist keine Zertifizierung vor.

Interiorisation Vorgang der Umwandlung von Werten, Regeln und Normen in eigene Emotionen und Motivationen.

Kanban Agile Methode zur Optimierung von Prozessen.

Kollaboratives Lernen Organisations- und teambezogenes Lernen, das auf langfristige, gemeinsame Lernprozesse in realen Herausforderungen zielt.

Kompetenz Die Fähigkeit von Menschen, sich in offenen und unüberschaubaren komplexen und dynamischen Situationen selbstorganisiert zurecht zu finden (Dispositionen zur Selbstorganisation, Selbstorganisationsdispositionen).

Kooperatives Lernen Lernende in heterogenen Gruppen arbeiten an gemeinsamen Problemlösungen im Rahmen von Qualifizierungen.

KOPING Verfahren In Lerntandems sowie in Gruppen sollen die Teilnehmer einer Entwicklungsmaßnahme im gegenseitigem Austausch, also kollaborativ und in der Form „kleiner Netze", sich gegenseitig, unterstützt von Lernbegleitern, weiter entwickeln.

Labilisierung Im emotionalen Sinne Erleben und Bewältigen von $\rightarrow$ Dissonanzen. Zweifel, Widersprüchlichkeit oder Verwirrung werden aufgelöst; es entstehen neue Lösungsmuster.

Learning Experience Platform – LEP Lernerzentrierte Lern- und Kollaborationsplattform, die personalisiertere Lernerlebnisse, insbesondere im Prozess der Arbeit und in Praxisprojekten, ermöglicht. Sie verknüpft Lernerfahrungen der Lerner mit Lerninhalten aus verschiedenen

Quellen, Empfehlungen und Bereitstellung mithilfe künstlicher Intelligenz und über alle digitalen Zugänge hinweg.

Learning Management Systeme – LMS Virtuelle Lern- und Kollabortionssplattform, die den Lernern Zugriff auf verschiedene Lernelemente, z. B. → WBT, Dokumente oder Beiträge der Lerner, sowie differenzierte Kommunikations- und Kollaborationsmöglichkeiten im Netzbietet.

Learning on Demand (Just-in-time Learning) Lernangebote werden vom Lerner bei Bedarf abgerufen.

Lebenslanges Lernen (Lifelong Learning) Lebenslange Werte- und Kompetenzentwicklung, insbesondere im Prozess der Arbeit und im Netz.

Lernende Organisation Vision, die allen Mitarbeitern einer Organisation das gemeinsame Lernen ermöglicht und diese Prozesse aktiv fördert.

Lerntandems Zusammenschluss von zwei Gruppenmitgliedern, die auf Dauer kooperieren wollen. Durch die Zusammenarbeit mit einer vertrauten Person können es die Partner leichter schaffen, die Alltagsroutinen zu unterbrechen, die Probleme deutlicher zu erkennen und besser zu lösen.

Mentoring Eine erfahrene Person (Mentorin bzw. Mentor) gibt ihr Wissen an eine noch unerfahrene Person (Mentee) mit dem Ziel weiter, den Mentee in seiner persönlichen oder beruflichen Entwicklung innerhalb oder außerhalb des Unternehmens zu fördern.

Microlearning: Relativ kleine Lerneinheiten und kurzfristige Lernaktivitäten im Rahmen des E-Learning.

MOOC – Massive Open Online Course Offene, im Netz angebotene formelle Kurse, die jedem Lerner offen stehen. Die Teilnehmer können in diesem Rahmen Kurse, Textdateien, Bilder, Audios, Videos sowie die gesamte Lerninfrastruktur nutzen. Sie organisieren sich selbst online. In der Ausprägung der **connective MOOC (cMOOC)** steht dagegen der Austausch der Teilnehmer über ihre Erfahrungen und Meinungen im Vordergrund.

Motivationen Kompliziert strukturierte Gefühle, die Umweltereignisse und Objekte, also Erfahrungen und Wahrnehmungen des Menschen in einer ganz bestimmten Art bewerten. Sie antizipieren künftige Handlungen und Handlungsergebnisse in konkretisierter Form.

Nutzenwertungen Handlungsleitende Ordner, die die Menschen Handlungen bevorzugen lassen, die ihnen Nutzen im weitesten Sinne versprechen.

Organisationales Lernen Basiert auf der Vision der → Lernenden Organisation. Diese ermöglicht allen Mitarbeitern einer Unternehmung das gemeinsame Lernen und fördert diese Prozesse aktiv. Daraus entwickelt sich die Organisation kontinuierlich selbst weiter.

Peer-to-Peer Working/Peer-to-Peer Learning → Lerntandems → Kollaboratives Lernen.

Personalentwicklung Ziel dieser Abteilung ist es, die Arbeitnehmer planmäßig und systematisch zu qualifizieren.

Pulse Methode, um auf der obersten Organisationsebene ein visuelles Projektportfolio zu entwickeln.

Qualifikationen Klar zu umreißende Komplexe von Kenntnissen, Fertigkeiten und Fähigkeiten, über die Personen bei der Ausübung beruflicher Tätigkeiten verfügen müssen, um anforderungsorientiert handeln zu können.

Scrum Vorgehensrahmen (Framework), das Projektarbeit nach → agilen Prinzipien ermöglicht. Die wesentlichen Kennzeichen sind eine flache Hierarchie, → Selbstorganisation, Sprints, Pragmatismus, Prototyping, rasches Feedback und mehrfache Schleifen.

Selbstorganisiertes Lernen Der Lerner legt, oftmals innerhalb der Lerngruppe, Ziele und Inhalte, aber auch Lern- und Sozialformen, Medien und Zeiten sowie Lernorte selbst fest.

Selbstorganisationsdisposition → Kompetenzen charakterisieren die Fähigkeiten von Menschen, sich in offenen und unüberschaubaren, komplexen und dynamischen Situationen selbstorganisiert zurechtzufinden. Kompetenzen lassen sich damit als Selbstorganisationsdispositionen beschreiben.

Situiertes Lernen Lernen erfolgt anhand möglichst authentischer Problemsituationen.

Social Software Internet- oder intranetbasierte Kommunikationsinstrumente, die das gemeinsame Erarbeiten von Inhalten und Lösungen unterstützen und damit auch Interaktionen unter den Benutzern auslösen können.

Sozial-weltanschauliche Wertungen Handlungsleitende Ordner, die Einzelne oder Gruppen (Unternehmen, Abteilungen, Teams...) zu einem sozial akzeptierten Handeln bewegen.

Social Blended Learning →Blended Learning, bei dem reale Herausforderungen in der Praxis die selbstorganisierten Lernprozesse bestimmen.

Social Workplace Learning Arbeiten und Lernen werden im Prozess der Arbeit unter Nutzung eines Ermöglichungsrahmens verknüpft.

System Organisationen weisen Merkmale auf, wie sie auch in naturwissenschaftlichen Systemen vorkommen. Systeme bestehen aus Subsystemen und beziehen aus der Umwelt Inputs, die in Outputs transferiert werden. Diese wirken wiederum auf andere Subsysteme oder das Umweltsystem und tragen damit zur Zielsetzung des Gesamtsystems, d. h. der Unternehmung, bei.

Web-Based-Training (WBT) Interaktive Lernprogramme im Netz, teilweise verknüpft mit Lernvideos.

Webcamp Webinar in einem → Barcamp Format.

Webinar Kommunikationsformat im Web, das virtuelle Workshops, Seminare oder Trainings ermöglicht.

Werte Ordner, welche die individuell-psychische und die sozial-kooperativ-kommunikative menschliche Selbstorganisation des Handelns bestimmen oder zumindest stark beeinflussen. Werte sind Kerne von → Kompetenzen.

Wissen Im weiteren Sinne: Bezeichnung für allgemein verfügbare Orientierungen im Rahmen alltäglicher Handlungs- und Sachzusammenhänge (Alltagswissen). Im engeren, philosophischen und wissenschaftlichen Sinne die auf Begründungen bezogene und strengen Überprüfungspostulaten unterliegende Kenntnis, institutionalisiert im Rahmen der Wissenschaft.

WOL – Working Out Loud Transparente, offene Zusammenarbeit im Netzwerk, indem Arbeitsergebnisse veröffentlicht werden, Querverbindungen und Rückmeldungen kontinuierlich genutzt werden, um die Ergebnisse zu verbessern, aktiv Hilfe angeboten wird, interdisziplinäre Netzwerke gepflegt und zielgerichtet zusammen gearbeitet wird.

Literatur

Bauer HG, Brater M, Büchele U, Dufter-Weis A, Maurus A, Munz C (2006) Lern(prozess) begleitung in der Ausbildung. Wie man Lernende begleiten und Lernprozesse gestalten kann. Bertelsmann, Bielefeld

Bortz J, Doering N (2016) Forschungsmethoden und Evaluation in den Sozial- und Humanwissenschaften. Springer, Berlin

Braun R, Gawlas H, Schmalz A (2004) Die Coaching-Fibel. Vom Ratgeber zum High Performance Coach. Linde, Wien

Brohm M (2017) Werte, Sinn und Tugenden als Steuerungsgrößen in Organisaitonen. Springer, Berlin

Claushues J (2002) Coaching, Psychonummer oder Kompetenzentwicklung. PTA-PraxisNews 6:1–2

Corporate Learning Community (Hrsg) (2017) Lernen in Organisationen im digitalen Zeitalter. https://colearn.de/cl2025/. Zugegriffen: 17. Juli 2019

Haken H, Wunderlin A (2014) Synergetik: Eine Einführung. Nichtgleichgewichts-Phasenübergänge und Selbstorganisation in Physik, Chemie und Biologie. Springer, Heidelberg (German Edition)

Erpenbeck J (2017) Selbstorganisation, Neuropsychologie und Werte. In: Erpenbeck J, Sauter W (Hrsg) Handbuch Kompetenzentwicklung im Netz. Bausteine einer neuen Bildungswelt. Schäffer-Poeschel, Stuttgart, S 93–114

Erpenbeck J, Sauter W (2018a) Wertungen, Werte. Das Buch der Grundlagen für Bildung und Organisationsentwicklung. Springer, Berlin

Erpenbeck J, Sauter W (2018b) Wertungen, Werte. Das Fieldbook für ein erfolgreiches Wertemanagement. Springer, Berlin

Erpenbeck J, Sauter W (2019) Wertungen, Werte. Das Buch der gezielten Werteentwicklung von Persönlichkeiten. Springer, Berlin

Erpenbeck J, Grote S, Sauter W, von Rosenstiel L (Hrsg) (3. Aufl. 2017) Handbuch Kompetenz- messung. Erkennen, verstehen und bewerten von Kompetenzen in der betrieblichen, pädagogischen und psychologischen Praxis, Schäffer-Poeschel, Stuttgart

Fischer CA (2019) Werte als Kerne von Kompetenzen. Eine theoretische Studie mit einer empirischen Analyse in Montessori-Schulen. Waxmann, Münster

Groysberg B, Lee J, Price J, Yo-Jud Cheng J (2018) Eine Frage der Kultur. Harvard Business Manager, März, S 21–31

© Springer Fachmedien Wiesbaden GmbH, ein Teil von Springer Nature 2020
J. Erpenbeck und W. Sauter, *Werteerfassung und Wertemanagement*, essentials,
https://doi.org/10.1007/978-3-658-30196-5

Haken H (2014) Synergetik: Eine Einführung. Nichtgleichgewichts-Phasenübergänge und Selbstorganisation in Physik Chemie und Biologie. Springer, Heidelberg

Heintze A (2005) Führen mit Werten – Werte schaffen durch Führung. In: Walther-Klaus E, Reuter A (Hrsg) Wissens- und Wertemanagement in Theorie und Praxis. VDM Verlag Dr. Müller, Saarbrücken, S 199–236

Ibold F, Kühl S, Matthiesen K (2018) Den Wandel richtig managen. Harvard Business Manager, März, S 38–45

Klages H, Gensicke T (2006) Wertesynthese -Funktional oder dysfunktional? Kölner Zeitschrift für Soziologie und Sozialpsychologie 58(2):332

Martz-Irngartinger, A. (2010). Lernkulturen verstehen – erfassen – vergleichen. Theoretische Entwicklung eines Konzepts zur Operationalisierung von Lernkultur und dessen praktische Umsetzung anhand der Gegenüberstellung studentischer Lernkulturen in Deutschland, Finnland und Rumänien. Dissertation, Ludwig-Maximilians-Universität München.

Migge B (2005) Handbuch Coaching und Beratung. Beltz, Weinheim

Neuberger O (2002) Führen und führen lassen, Ergebnisse und Kritik der Führungsforschung. UTB, Stuttgart

Radatz S (2006) Beratung ohne Ratschlag. Systemisches Coaching für Führungskräfte und BeraterInnen, 4. Aufl. Verlag Systemisches Management, Wien

Radatz S (2011) Wie Organisationen das Lernen lernen. Entwurf einer epistemologischen Theoriemodells „organisationalen" Lernens aus relationaler Sicht. Schneider-Verlag, Hohengehren

Rokeach M (1973) The Nature of Human Values. Mit dem Value Survey als Anhang. Free Press, New York

Schwartz S, Bilsky W (1987) Toward a universal psychological structure of human values. J Pers Soc Psychol 53(3):550–562

Sauter W, Sauter R, Wolfig R (2018) Agile Werte- und Kompetenzentwicklung. Wege in eine neue Arbeitswelt. Springer Gabler, Berlin

Schein E (2010) Organisationskultur. „The Ed Schein Corporate Culture Survival Guide". Bergisch-Gladbach, EHP

Schmidt SJ (1994) Kognitive Autonomie und soziale Orientierung. Konstruktivistische Bemerkungen zum Zusammenhang von Kognition, Kommunikation, Medien und Kultur. Suhrkamp, Frankfurt a. M

Schoppen W (2019) Werte schaffen Wert. FAZ, 06. April

Schulz von Thun (2008) Das Werte- und Entwicklungsquadrat. In ders.: Miteinander reden: 2. Stile, Werte und Persönlichkeitsentwicklung. Reinbek bei Hamburg

Stepper J (2015) Working out loud: for a better career and life. John Stepper, New York

Siebert H (3. Aufl. 2011) Selbstgesteuertes Lernen und Lernberatung, Wolters 3. Aufl. Wolters Kluwer, Neuwied

Stiefel RT (1999) Personalentwicklung in Klein- und Mittelbetrieben. GRIN, Leonberg

Weber, M (1988) Gesammelte Aufsätze zur Wissenschaftslehre., UTB, Stuttgart, S 175, 180 (Hrsg. von Johannes Winckelmann, Tübingen)

Wieland J (Hrsg) (2004) Handbuch Wertemanagement. Erfolgsstrategien einer modernen Corporate Governance. Murmann, Hamburg

Printed in the United States
By Bookmasters